순간들

일러두기

· 이 책은 주석 스님의 『오늘의 발끝을 내려다본다』와 『그대가 오늘의 중심입니다』에서 발췌한 내용을 스페셜 에디션으로 제작한 것입니다.

누군가를 위해 사는 것 49

무명 풀옷 52

매일 조금씩 이별하는 삶 54

감춰도 나오는 송곳 57

끝과 끝 60

공존의 의미 62

잘 먹고 잘 사는가 64

진정한 복수 66

세상에 비밀은 없다 68

순간의 선택 71

인생의 짐 73

여전히 꿈속 76

관념과 타성 벗어나기 78

과거에 매이지 말라 81

그래도 살아야지 83

마음의 군불을 지피다 86

제가 잘하겠습니다 89

응답하라 주지스님 92

마음의 고개를 숙일 때 95

작은 것들이 모여 97

서로가 별이 되는 인연 100

수행 속의 행복 103

02
그대가 오늘의 중심입니다

삶의 시간 110

그저 좋은 111

덜 여문 과일 112

세 단어 113

존중 114

있는 그대로 115

지켜봐 주는 것 116

조금씩 조금씩 117

강함을 부드럽게 118

시간을 견뎌 낸 것 119

소리로 듣기 120

돌아보고 살펴보고 121

귀 기울이며 122

우리 사이의 푸른 강 124

오늘의 발끝을 내려다본다 125

물고기처럼 126

적당한 거리 127

때가 있다 128

고요한 평계 129

기회　130

감사한 저녁　131

아플까 봐　132

그리움　133

그대 떠나려거든　134

한 번쯤 살아 보고 싶은 곳　135

아름다운 입으로　136

짐작할 뿐　137

아름다운 균형　138

버리는 일　139

오늘의 중심　140

가장 큰 일　141

가장 예쁜 오늘　142

뒷모습　144

고독 사용 설명서　145

욕망이라는 무게　146

산을 내려가듯　147

가장 젊은 날　148

균형　150

적당할 때　151

향기　152

세상　154

그림자　155

돌　156

가을　157

힘을 빼면　158

푸른빛　159

홀로 고요히　160

밤하늘　162

삶의 파도　163

저녁 시간　164

그 말은 내게 돌아온다　168

오늘의 화두　169

03
에필로그 : 나를 가만히 다독거립니다　173

문득 걸어온 발자취가
그리워질 때도
지워 버리고 싶을 때도 있다.

주석 스님의
삶을 바라보는 시선

순간들

글 - 주석

담앤북스

책을 펴내며

순
간
들

사랑은, 접시에 잘려서 놓인
큰 조각의 수박 다음에 끼여 있는 작은 수박을
내가 들고 오는 것임을 알게 되는 순간,
절절한 사랑은
그리 오래가지 않음을 알게 되는 순간,
세상의 고뇌가 많을수록
먹는 것이 그리 중요하지 않게 되는 순간,
성공과 실패가 그리 중요하지 않음을 알게 되는 순간,
누군가의 배신이 그리 아프지 않은 순간,
주먹 속에 들어갈 만한 찻잔을

앞에 두고 앉은 사람의 그 잔이
우주를 담은 듯이 느껴지는 순간,
원하는 것이 클수록
용기가 많이 필요함을 알게 되는 순간,
인생이란 길 위에서 더 걸어 볼까 멈출까
갈등하는 내가 보이는 순간,
최악의 상황을 최선의 상황으로 바꿀 수 있는 힘이
내게 있다는 것을 알게 되는 순간,
누군가의 아픔에 명치끝
시리도록 아픔이 밀려오는 순간,

누군가의 기쁨에 자꾸만 느슨한 웃음이 나오는 순간,
삶에서 원하는 무엇을 기다리는 것이
하늘이 열리고 땅이 진동하고 비가 내리고 꽃이 피듯
어렵다는 것을 알게 되는 순간,
칼에 베여도 아프지 않고
불속에 들어가도 타지 않을 것 같은 순간,
세상의 종말에도 그리 놀라지 않을
나만의 종말을 겪고 있는 순간.

그 숨 막히고 고뇌하고 절절했던 순간들이 모여 지금의 그대가, 지금의 제가 숨 쉬고 있는 것 같습니다. 현재를 살아가고 있는 모든 분의 순간들이 우주가 되고 그 우주의 기운이 됨을 잊지 않고 살았으면 합니다.

첫 번째 책에 이어 두 번째 책, 그리고 지금 스페셜 에디션이란 이름으로 또 다른 순간을 만들고 있는 담앤북스 오세룡 대표님과 박성화 부장님의 삶의 순간에 무한한 찬사를 보내 드리고 싶습니다. 이 책을 통해 삶이라는 시간에서 또 다른 순간을 맞이하고 있는 독자분들이 삶의 순간순간 고뇌 속에는 꽃이 피고 있음을 꼭 깨닫기를 감히 바라 봅니다.

인생 그 어느 순간에….

주석 두 손 모음

목차

책을 펴내며

순간들 4

01
오늘의 발끝을 내려다본다

위로가 되는 음식 18

힘 나눠 갖기 21

위안을 주는 장소 24

할머니의 카풀 27

너와 나의 틀 30

침묵의 가르침 33

왕방울 행자님 36

고정관념 38

바르게 바라보기 40

말하기 전에 42

숨 고르기 44

과거로의 여행 46

하지만 그때 그 상황이

지금의 나를 있게 해 준 것일 수도 있겠지.

01

오늘의 발끝을 내려다본다

위로가 되는 음식

바람이 이젠 제법 차가워졌다. 며칠 전 볼일이 있어 서울에 갔다가 인사동에 있는 솥밥집을 찾았다. 평상시 밥을 그리 많이 먹지 않는 내게 그 솥밥집은 양이 조금 많은 걸 알면서도, 왠지 그날은 따끈한 밥 한 그릇을 먹어야 마음이 따뜻하게 데워질 것 같은 느낌이었다.

대학 때부터 들렀던 그 밥집은 이십여 년이 지난 지금도 여전히 똑같은 맛이라 가끔 추억 속 나를 찾아 보기에 좋고, 기억 속 어머니께서 지어 주시던 밥맛을 느끼기에도 모자람이 없다. 그래서 내게는 특별한 추억의 장소이기도 하다.

언젠가 TV를 잠깐 보는데 이런 장면이 나왔다. 두 사람이 음식으로 대결을 한다. 한 사람은 훌륭한 맛을 내기 위해 애썼다. 다른 한 사람은 요리를 하되, 과거 그 음식으로 위로 받았던 느낌, 실의에 빠졌을 때 어머니가 해 주신 음식을 먹고 위안을 받은 그 느낌을 그대로 살려 요리를 만들었다. 당연히 승리는 추억의 음식을 만든 사람이 차지했다.

나 또한 어린 시절 꽁꽁 언 항아리에서 금방 꺼낸 얼음 박힌 동치미의 맛을 잊지 못한다. 된장을 풀어서 파 조금, 두부 몇 조각을 넣고 할머니가 설렁설렁 끓여 주셨던 어느 여름날의 된장찌개 맛을 잊지 못한다. 시험을 치러 가는 날 아침, 어머니께서 싸 주신 도시락의 맛을 잊지 못해 몸이 아프거나 마음이 아플 때면 문득문득 그때 그 도시락을 떠올린다. 그리고 이런 추억의 음식들은 과거 속에 끝난 일이 아니라 여전히 오늘을 사는 내 지친 마음에도 힘을 주곤 한다.

은사스님께서 돌아가시기 얼마 전이었다. 은사스님께서 알고 계시는 절을 찾아가 하룻밤 묵게 되었다. 날씨도 추웠고, 어른을 모시고 가는 길이 조금은 힘들었지 싶다. 마침내 절에 도착했을 때, 막 나온 저녁 공양상에 오른 것은 토란탕이었다. 아무 생각 없이 한 숟갈 떠서 입에 넣는 순간, 눈물이 핑 돌았다.

별스러운 맛을 느껴서가 아니었다. 미끈한 토란에 들깨를 갈아 넣은 토란탕은 이십 대의 젊은이가 느끼기에는 밋밋한 맛이었다. 그런데 한 숟갈 떠먹고 또 떠먹을수록 가슴이 따뜻해지고 배가 따뜻해지고, 마지막에는 마음이 따뜻해지면서 이유 없이 눈물이 핑 돌았다. 좋은 음식이란 것은 그런 것이다. 몸을 녹이고 마음을 녹이는, 그래서 마음에 뭉쳐진 응어리도 녹이는 것이다.

학창 시절 나는 밥을 나누는 행위를 영혼을 나누는 일이라 여겼다. 그래서 누군가와 밥을 먹는 일을 잘 만들지 않았고, 지금도 의무적으로 밥을 먹는 자리는 조금 불편해 다른 사람과 밥 먹자는 약속을 선뜻 하지 못한다. 그런데 아침저녁 찬 바람이 옷깃을 여미게 하는 요즘, 따뜻한 음식을 볼 때면 누구와든 그 따뜻함을 함께 나누고 싶은 생각이 드는 것은 어째서일까. 마음도 조금은 서늘해지는 때, 마음 녹이는 음식 하나쯤 만들어서 서늘한 그 마음 녹여 줄 사람 앞에 놓아 준다면 내 마음이 먼저 따뜻해질 것 같다.

힘 나눠 갖기

                    길 가다 담쌓는 석공의 모습에 발길을 멈췄다. 석공은 능숙한 솜씨로 정을 다루더니 큰 돌을 쪼개어 작게 만들었다. 그렇게 만든 작은 돌을 큰 돌 아래에 놓고 다시 돌을 쌓았다.

자세히 보니 큰 돌 위에 작은 돌이, 작은 돌 위에는 큰 돌이 올라가며 큰 돌이 막지 못하는 구멍과 틈새를 작은 돌이 채워 주고 있었다.

내가 있는 암자 담장은 큰 돌만으로 쌓아 조만간 무너질 것같이 위태위태해 보인다. 큰 돌들이 서로 힘자랑을 하다 그 힘에 못 이겨 끝내는 무너지고 말 것 같은 느낌이랄까. 잘 쌓인 담장은 큰 돌과 작은 돌의 조화가 아름답다.

우리 살아가는 모습도 이와 같지 않은가. 힘이 세고 목소리 큰 사람만 세상에 가득하다면 조화로운 세상을 유지

할 수 없다. 힘을 공평하게 나눠 쓸 때 조화로운 세상을 만들 수 있고, 서로 중재하고 나누는 그 어울림이 세상을 지탱하는 아름다운 힘일 것이다.

일을 함에 있어 목소리가 크다고, 또 정당하다고 해서 그것이 다 받아들여지는 것은 결코 아니다. 소小를 위한 정당함인지, 대大를 위한 정당함인지, 몇몇 개인을 위한 것인지, 많은 사람을 위한 것인지, 최종에는 어떤 정당함인지, 누구를 위했는지가 논의의 대상이 될 것이다.

가끔 나도 어깨에 힘이 가득 들어 있구나 하고 느낄 때가 있다. 현대인이 겪는 스트레스가 수행자라고 비켜 가는 것은 아니다. 그럴 때면 나도 모르게 경직된 마음의 힘을 조금씩 빼 본다. 내가 더 잘한다는 힘, 내가 더 옳다는 힘, 내 말이 옳다는 고집스러운 마음의 힘을 슬며시 빼 본다. 그리고 그 자리에 상대의 말 중에 옳다고 생각하는 것들을 담아 본다.

그러면 큰 돌 하나를 올리고 다니는 듯했던 내 마음이 날아갈 듯이 가벼워진다. 내 목소리를 낮추고 상대의 목소리를 들으면 상대의 아픔을 알 수 있다. 내 손의 힘을 조금 빼고 상대의 손을 잡으면 잔뜩 힘을 주느라 느끼지 못했던 상대방의 따뜻함도 느낄 수 있다.

얼마 전에 본 담장을 다시 생각해 본다. 큰 돌은 작은 돌을 품었고 작은 돌은 큰 돌을 품었다. 조화롭게 힘을 나누면서 쌓은 담장은 십 년, 백 년 그리고 천 년의 세월에도 의연하게, 무너지지 않고 남아 있을 것임을 믿는다. 마치 우리가 서로를 존중하고 서로의 힘을 나눠서 공존했을 때의 아름다움처럼 말이다.

위안을 주는 장소

언젠가 외국에서 미술관 앞에 사람들이 줄을 길게 선 풍경을 본 일이 있다. 처음에는 미술관 앞인지 모르고 그냥 궁금했는데, 나중에 미술관임을 알고 나자 사람들이 왜 길게 줄을 서 있는지 더 궁금해졌다. 나도 덩달아 줄을 서서 그곳에 들어갈 수 있었다. 사람들이 길게 줄을 섰기에 '굉장한 작품들'이 있을 줄 알았는데, 그렇지 않았다.

조그마한 갤러리에는 어느 작가의 그림 단 세 점만이 걸려 있었다. 사실 나는 조금 놀랐다. 뭔지 모를 작가의 그림 세계를 알고자 하는 그들의 예술에 대한 마음과 열정이 부러웠다. 이름도 잘 모르는 화가의 그림을 보려고 줄까지 서서 기다리는 그들의 마음이 부러웠다.

가끔 교회나 성당에 있는 갤러리에서 작품을 전시하고

있다는 지인들의 초대장을 받고 시간을 내어 발걸음을 옮길 때가 있다. 조금은 그럴듯한, 큰 공간에서 진행되는 전시회에 익숙해진 나는 작가들에게 장소를 제공하는 종교 단체의 열린 마음이 고마웠다.

음악이나 그림 등 예술 작품을 통해 사람들은 위로 받기도 하고 치유되기도 한다. 특히 종교와 함께하는 전시라면 그 시너지 효과는 두 배 이상이 될 것이다. 사실 일상에 쫓기는 일반인이 그림을 보러 일부러 갤러리를 찾아가기는 쉽지 않은 일이다. 더하여 작가들이 갤러리에 자신의 작품을 전시하는 일에도 또한 여러 난관이 있다고 한다.

그래서 시작했다. 부산 송정해수욕장 인근에 사찰 문을 열고 복합문화공간 KUmuda(쿠무다)의 작은 공간을 갤러리로 만들어 작가들의 작품을 걸기로 한 것이다. 처음에는 절에서 그런 일을 왜 하느냐는 질문을 받기도 했지만, 문화를 통해 사람들을 위로하고 치유하는 것 또한 부처님 가르침에서 벗어나지 않는다고 답하며 일을 진행했다.

KUmuda 갤러리가 문을 연 이후, 소문을 듣고 찾아온 작가 중에는 종교가 다른 분들도 많았다. 그분들에게 한 달 동안 무료 대관의 기회를 주고 전시를 하도록 했다. 처음에는 생소했던 갤러리를 향한 사람들의 발걸음이 이제는 자연스러운 일상이 되었다. KUmuda는 차 한 잔과 함께 작가의 작품을 감상할 수 있는 곳으로 알려졌다. 물론 사찰에서 참 좋은 일을 한다는 인식과 함께 말이다.

사람들의 입을 통해 소문이 퍼지면서 전시회를 열고자 하는 작가들의 방문도 늘었다. 연초에는 한 해의 전시 일정이 마감될 정도다. 작품을 전시하려는 작가들에게도 많은 관심을 받는 곳이 되어 가고 있는 것이다.

이런 작업을 종교라는, 불교라는 이미지 속에 자연스럽게 자리 잡아 가게 하는 일이 나는 좋다. 부담스럽지 않은 공간으로, 편안함을 주는 공간으로 사람들에게 다가갈 수 있으니 말이다. 종교 시설을 개방해 '문화 공간'으로 만드는 것은 지금 이 시대에 함께 숨 쉬고 살아가는 우리 종교인의 책임이 아닐까 싶다.

며칠 전 KUmuda 네이버 밴드에 올라와 있는 글을 읽어 보았다.

> 지나가다 커피 한 잔 하고 싶어 들어왔는데 어느 스님의 작품을 전시 중이었다. 한 그림을 보고 마음에 위안을 받고 평온을 느꼈다. 행복하다.

이런 글을 만나면 오히려 내가 위안을 받는다.

할머니의 카풀

어린 시절 할머니 손 잡고 절에 가는 날이면 돌아올 때가 항상 걱정이었다. '할머니는 오늘도 지나가는 차를 세울 텐데, 차들이 자꾸 그냥 지나치면 어떡하지?'

할머니는 바스락거리는 모시 치맛자락을 움켜잡고, 손을 들어 가뭄에 콩 나듯 지나가는 차를 세우셨다. 용케 차를 얻어 타면 절에서 받아 온 떡 한 조각을 부처님께 올렸던 것이라고 자랑스레 차 주인에게 건네곤 하셨다.

물론 이런 차 안 훈훈한 풍경은 스무 대 이상의 자동차를 떠나보내고 손녀딸인 내 입이 절에서 걸어온 길만큼 튀어나올 때쯤에야 만들어지곤 했다.

이제 할머니는 세상에 안 계시고, 내가 운전하며 그 길을 다니는데 시골길을 지날 때면 이따금 어르신들이 길가에서 손을 드신다. 그 순간 할머니를 떠올리며 차를 태워 드리면 어르신들은 주섬주섬 보자기를 풀어 사탕 하나라도 꼭 건네주신다. 그런데 일명 이 '추억의 카풀'이 가끔 차를 태워준 사람이나 올라탄 사람에게 난감한 상황이 되기도 한다.

얼마 전 암자 아랫마을 분이 차를 타고 일을 보러 나가다가 걸어가는 이웃 사람을 태워 주었는데, 사고가 나서 안타깝게도 돌아가시는 일이 생겼다. 호의로 시작된 일이 이웃 간에 손해배상을 청구하는 일이 되어 버린 셈이다.

원치 않는 사고만 있는 것이 아니다. 가끔 사건도 발생한다. 차를 얻어 탄 사람이 갑자기 강도로 변해서 범행을 저질렀다는 사건 기사를 대할 때면, 하얀 모시 저고리 소매 속에서 손을 빼어 차를 세우시던 내 할머니가 자꾸만 생각이 난다. 떡 한 조각을 나누면서 얻어 탄 차 안을 웃음으로 가득 채우던 장면도 말이다.

요즘 나는 차를 거의 운전하지 않고 대중교통을 이용하는 편인데, 조금 외진 곳에 갔다가 택시를 부르지 못해 그 옛날 할머니처럼 지나가는 차에 손짓을 보낸 적이 있었다. 씽씽 소리만 내고 지나치는 차들 사이에서 한참 만에 차를 얻어 탈 수 있었다. 추억이 다시금 떠올랐다.

여러 사건 탓에 마을 사람들은 내게 "아무나 쉽사리 차에 태우지 말라."고 신신당부하지만, 나는 앞으로도 여전히 길가에서 손을 드는 분 앞에 차를 세워 그분을 태워 드리고, 주머니에서 주섬주섬 꺼내 주시는 사탕 하나를 받아먹을 것 같다.

너와 나의 틀

정말 괜찮은 어떤 사람이 있다. 그래서 다른 사람에게 그를 소개했는데, 소개받은 사람은 그 사람이 별로라고 했던 경험을 누구나 한 번쯤은 갖고 있을 것이다.

몇 번의 시행착오를 겪으며 마침내 깨달았다. 나와 그 사람은 비슷한 업이라서 괜찮고 마음에 들지만, 다른 사람은 업의 모양이 다르기에 서로 맞지 않았던 것이다.

그런데도 애써 꾸역꾸역 맞추려고 노력 아닌 노력도 많이 했다. 하지만 그런 일들은 사람이 노력해도 되지 않는 몇 가지 중 하나가 아닌가 싶다.

그래서일까. 제삼자가 보기에는 어떻게 저런 인연을 만났는지 궁금한 커플도 본인들끼리는 서로 죽고 못 사는 인연이란다. 그래서 '짚신도 제짝이 있다' 내지는 '제 눈에 안경'이라고 말하나 보다.

우리는 각자 자신만의 업의 틀을 만들어 놓고 상대를 그 틀 속에 집어넣으려고 한다. 하지만 상대도 역시 자신이 살아 내야 할 업의 틀이 있기 때문에 결코 맞춰지지 않는다. 그런데도 우리는 살아가면서 그것을 망각한다. 계속 상대를 나의 틀에 넣으려고 하고, 그렇게 우리는 자꾸만 멀어진다.

어떻게 하면 이런 일을 방지할 수 있을까? 쉽게 말해 보자면, 타인의 생각은 틀린 것이 아니라 나와 다른 것임을 이해해야 한다. 또한 근본적으로 나와 상대방이 지닌 업의 모양이 다르기에 억지로 맞출 수 없다는 사실도 인정해야 한다. 순리대로 살아가려면 자신의 마음과 타인의 마음이 꼭 같기를 바라지 않는 태도가 필요한 것 같다.

어느 날 우연히 보았던 한 장면이 떠오른다.

한 어린아이가 엄마와 수다를 떨다가 귀신 이야기를 듣는다.

"밤에 무덤가를 지나다가 귀신을 만나면 그 귀신을 향해 뛰어들어. 그러면 귀신이 도망간단다."

그러자 어린아이는 엄마에게 되물었다.

"그런데 엄마, 귀신네 엄마도 같은 방법을 알려 줬으면 어떡하죠? 귀신도 엄마가 있을 텐데…"

아이는 자신처럼 귀신에게도 엄마가 있음을 자연스럽게

떠올린다. 나에게 있다면 남에게도 다 있다는 것을 잊지 말아야 할 일이다.

침묵의 가르침

몇 해 전에 읽었던 『아프니까 청춘이다』라는 책을 또 읽어 보게 되었다. 그런데 이 책을 읽을 때마다 "아파야 사람이 된다."라는 말이 생각난다. 많이 아픈 만큼 성숙해진다고 해야 할까. 살아오면서 온실 속의 화초처럼 살기보다는 거센 비바람이 부는 들녘에서의 삶을 더 동경했는지도 모르겠다.

건축물을 지을 때도 평지보다 땅 험하고 지형이 가파른 곳에 건물을 세울 때 더 멋진 모습으로 완성되는 경우가 많다. 그뿐인가. 자연의 이치 또한 그러하다. 찬 겨울날의 시간이 길수록 봄꽃 향기는 더욱 진하게 우리에게 다가오니 말이다.

사람과 사람 사이의 일도 마찬가지다. 때로는 찬바람이 불고, 눈과 비가 내렸다가, 어느새 봄날이 오면 그때 사람의 옥석을 가릴 수 있다고 한다.

특히 명절이 다가오면 사람과 사람 사이의 일을 생각하게 된다. 어느 새해에 지인이 "올 한 해는 사람과의 거리를 잘 둬야겠다."라고 말했다. 그 말을 떠올리며 사람과의 거리를 생각했다. '불가근불가원不可近不可遠'이라는 말처럼 거리를 유지하는 일이 쉬운 일은 아니다.

『장자』의 「달생」 편에 이런 글이 있다.

> 발을 잊은 것은 신발이 꼭 맞기 때문이고 허리를 잊은 것은 허리띠가 꼭 맞기 때문이며 마음에 시비를 잊은 것은 마음이 꼭 맞기 때문이다.

세상을 살면서 마음에 꼭 맞는 일과 사람이 얼마나 있을까? 맞추면서, 그렇게 맞춰 가는 듯 살게 되는 것은 아닐까 싶다. 그런 의미에서 가끔 우리가 살면서 하는 '오해'라는 단어에서 숫자 몇 개를 뺀 '이해'라는 단어를 쓰면 어떨까 하는 생각을 해 본다. "그럴 수도 있지." 하고 한숨 돌리고 상대를 바라보면 이해하지 못할 것도 없고, 그런 작은 이해들이 우리 삶을 조금은 풍요롭게 해 줄 것이다.

이해에 대해 생각하다 보니 자연스레 일본의 양관 선사 이야기가 떠오른다. 스님 집안에 양자가 한 명 있었다. 그런데 이 양자가 말썽을 어찌나 많이 부렸는지 어느 날 집안 사람들이 파양을 하자며 회의를 열었다. 양관 선사도 집안 어른으로 참석했으나 아무 말 하지 않았다.

자리가 끝날 무렵, 양관 선사는 절로 돌아가야 할 것 같다면서 신발을 신으려 했다. 양자는 자신을 비난하지 않은 스님이 고마워 짚신 끈을 매어 드리려 했는데, 그때 양자의 손등으로 물방울이 떨어졌다. 위를 보니 양관 선사의 두 눈에서 눈물이 뚝뚝 떨어지고 있었다. 그 뒤 양자는 그릇된 행동을 고치고 착실하게 살았다고 한다.

양관 선사의 이야기는 진심으로 상대를 걱정하고 연민하면 굳어진 그릇됨도 고칠 수 있다는 교훈을 준다. 가끔은 소리 내어 상대를 탓하고 그릇됨을 지적하기보다는 진심 어린 눈빛으로 이해하고 연민해 주는 것이 잘못을 더 환하게 바라볼 수 있게 한다. 침묵 속에 담긴 가르침이 백 마디 말보다 더 큰 효과를 부를 때가 있다.

해가 바뀔 때마다 말없이 묵묵하게 봐 주는 어른의 눈빛을 만나고 싶다. 그리고 나 또한 그런 눈빛으로 세상을 볼 수 있기를 바란다.

왕방울 행자님

　어느 초여름이었다. 눈망울이 큰 나의 '왕방울 수완 행자'가 석 달간의 내원사 행자 교육을 위해 머물던 대운사를 떠나는 날 아침, 나는 달콤한 크림치즈와 딸기를 듬뿍 넣고 롤케이크를 구웠다. 머나먼 고향 중국을 떠나와, 타국에서 부처님 제자가 되겠다며 내게 머리를 깎고 인연이 된 수완 행자. 이 겁 많은 행자가 처음 내 곁을 떠나는 날이었다.

　터질 듯 빵빵하게 바랑을 채우고 나서도 안심하지 못하고 "혹시 빠진 게 없나요?" 하며 걱정하는 행자를 불러 앉혀서 조용히 삭발해 주고 빵을 구웠다.

　나와 인연이 된 이 소중한 사람에 대한 사랑 한 줌, 행자가 낯선 곳에서 기죽지 않고 대중 생활을 잘하리라는 믿음 한 줌, 반짝반짝 중물이 들어 한국 불교의 소중한 재목이 되게 해 주십사 하는 축원도 한 줌 넣었다. 입에서 살살 녹는 딸기 크림치즈 케이크가 행자의 두려운 마음을 날려 주기를 바라면서.

내원사를 올라가는 길에서 만난 5월의 천성산은 무성한 나뭇잎으로 뒤덮여 초록 터널을 이루었고, 가뭄에 바짝 말라 버린 계곡은 서걱거리는 행자의 마음 같았다.

"말하려 하지 말고 먼저 들어 줘야 해. 듣는 사람이 되면 아무 문제 없을 거야."

머리가 굵은 다 큰 행자도 은사 앞에 서면 아기가 되고, 아무리 모자란 은사도 제자 앞에 서면 어른이 되나 보다. 내원사 스님들께 인사를 올리고 수완 행자를 부탁드린다며 당부하고 돌아서려니 수완 행자가 냉큼 달려와 덜컥 내 품에 안겼다. 기어이 왕방울만 한 눈에서 눈물을 쏟아 내면서. '행자님, 우리 곧 만나요.'

그나마 내가 빵을 만들 수 있어서 얼마나 다행인지. 행자는 은사의 마음이 고맙다며 그 달콤한 딸기 크림치즈 케이크를 두 덩이나 먹었다. 오늘 밤은 그이의 속이 덜 헛헛하지 싶다. '행자님, 무탈하게 잘 마치고 돌아오세요.'

군대에 아들을 두고 돌아서는 어미처럼 행자와 헤어져 내원사를 내려오는데, 나를 강원에 데려다주고는 뒤돌아보지 않고 떠나셨던 나의 은사스님이 떠올랐다. 내 입에서는 저절로 염불이 흘러나왔다.

고정관념

도반스님에게 음악 파일을 선물 받아서 몇 년을 들었다. 귀에 익은 좋아하는 곡들을 반복해서 말이다. 며칠 전 그 파일 속에 들어 있는, 한 번도 듣지 않았던 곡을 눌러 보았다. 놀랐다. 이런 좋은 음악이 있었다니! 나는 선입견을 품고 있었다. 내가 좋아하는 음악만 고집하며 반복해서 듣고 또 들었던 것이다. 그 때문에 좋은 음악을 내가 이미 지니고 있었음에도 뒤늦게 발견하고 만 것이다.

알고 지내는 도반스님이 있다. 일 년에 한두 번 정도 연락하는 사이였다. 스님들 성품은 좋아도 그저 그렇고, 싫어도 그저 그렇다. 싫고 좋음에 그리 연연하지 않는다. 그래서일까, 아무튼 무덤덤했다. 그런데 어떠한 계기로 그 스님의 마음을 볼 수 있었다. 아름다운 삶을 사는 맑은 눈을 가진 스님이었다.

내가 한 각도에서만 상대를 바라보고 살았던 것이다. 그날 나는 눈에 보이지는 않지만 마음 가득 선물을 받은 듯했다.

살면서 새롭게 발견하는 모습들, 마음의 변화들. 부정의 발견이든 긍정의 발견이든 알게 되면 보이는 모든 경계는 예전과 같지 않을 것 같다. 반복해서 들었던 그 음악 파일은 새로 받은 선물이 됐고, '그 스님은 본래 그런 스타일'이라고 여겼던 내 고정관념이 깨끗이 사라진 신선한 경험이었다.

문득 나를 돌아본다. 나 자신이 가지고 있으면서도 발견하지 못해 귀중함을 모르는 소중한 보물은 무엇이 있을까. 벽에 걸린 그림도 앉아서 볼 때와 서서 볼 때, 또 누워서 바라볼 때의 느낌이 사뭇 다르다. 그림은 정면에 서서 바라봐야 한다는 고정관념을 깨면 지금껏 보지 못했던 새로운 매력을 발견할 수 있다.

가장 소중한 것은 눈에 잘 보이지 않는다.

생텍쥐페리의 『어린 왕자』에 나오는 말처럼, 소중한 것은 눈에 잘 보이지 않는 것이어서 그것을 발견하는 사람만이 행복을 느낄 수 있다. 가장 중요한 발견은 자신의 마음속에 있는 스스로를 발견하는 것이다.

바르게
바라보기

눈이 펑펑 쏟아지는 산사에 머물 때였다. 그림 한 점을 선물 받았다. 벽에 못을 치고 걸기가 내키지 않아 차실 바닥에 놓고 꽤 긴 시간을 보냈다. 시간이 흘러 먼지를 닦아 내면서 옆에 있던 의자 위에 그림을 올려놓았다.

그림은 늦은 봄, 햇살이 좋은 어느 날 드디어 벽에 걸렸다. 그런데 그림을 걸기 전과 건 후가 아주 많이 달랐다. 바닥에 두고 보았을 때와 의자에 놓은 채 바라보았던 느낌, 벽에 걸었을 때, 서서 볼 때, 앉아서 볼 때와 누워서 볼 때의 느낌은 사뭇 달랐다. 그림 한 점을 놓고도 어느 위치에서 바라보느냐에 따라 다른 느낌으로 마음이 요동친다.

누군가를 바라보는 것도 어디서, 어떻게, 어떤 마음으로 바라보느냐에 따라 참 다르다. 그림 한 점 놓고도 이리 다양한데 사람을, 상황을 바라보는 일이야 말할 것도 없지 않겠는가.

그 사람이 겪은 상황에 처해 보지 않고 자신이 서 있는 자리에서 상대를 바라보며 '저 사람은 저런 사람이야.'라고 규정하는 것은 어쩌면 너무 쉽게 세상을 바라보기에 생기는 오류일 수도 있다는 생각이 해가 갈수록 더욱 든다. 각자가 좋아하는 셀로판지를 눈에 대고 '이 사람은 노란 색깔이고, 저 사람은 파란 색깔의 사람이야.'라고 판단하는 것처럼 말이다.

심리학에서는 어린 시절의 트라우마나 고통스러웠던 경험들이 현재에까지 영향을 끼쳐, 우리가 누군가를 판단할 때 부정적 시각과 판단을 내리게 한다고 한다. 자신의 내면 기억과 현재가 충돌하는 시점이 부정적 결과 또는 긍정적 결과로 도출된다는 이야기를 들으면 결국 우리가 업으로 상대를, 상황을 판단하고 고정된 시각으로 삶을 바라본다는 것이 조금 서글프게 느껴진다.

다양한 위치에서 여러 각도로 바라보고 살고 있지만 그래도 우리가 결코 잊으면 안 되는 분명한 것은 있다.

> 바로 오늘도 잘 바라보기.
> 매번 잘 바라보기.
> 바르게 바라보기.

말하기 전에

'구시화문口是禍門이니 필가엄수必加嚴守하라.'는 말은 모든 문제의 원인은 입에서 나오는 말로 시작되는 것이니 우리의 입을 엄하게 지키라는 뜻이다. 부처님과 조사祖師스님들은 물론 세상의 모든 성인이 비슷한 말을 하고 있다.

사실 이런 말씀이 아니어도 우리는 눈을 뜨면서 시작해 눈 감을 때까지 하루에도 수없이 말로 인해서 생겨나는 문제를 겪고 있다.

한순간의 화를 참지 못해서 나도 모르게 하게 되는 말, 나의 허물을 돌아보지 못하고 상대의 허물만 들추는 말을 너무 쉽게 하며 살고 있지는 않은지 돌아볼 일이다. 돌아서면 후회하게 될 말을, 한순간의 불 같은 화를 참지 못하고 같은 실수를 반복하는 일은 허다하다.

세상을 살아가면서 만나는 사람 중 유난히 상대를 매서운 눈으로 보면서 허물을 찾고 그 허물을 상대에게 충고라는 이름으로 쏟아 버리는 사람이 있다. 하지만 어설프고 비난이 섞인 충고는 상대는 물론 오히려 그 말을 해 버린 스스로에게 도독이 되어 돌아온다.

깊이 사유하고 깊이 들여다보지 않고 하는 말은 밖으로 향했다가 다시 스스로에게 돌아옴을 잊지 않아야 한다. 누군가에게 말을 할 때는 내 언어의 한계가 내 정신의 한계를 의미한다는 것 또한 잊지 말아야 한다.

숨 고르기

꽃과 같은 향기로운 하루를 누구나 바라지만 꽃을 피우다가 그만 지쳐 버릴 때가 많다. 사람은 자신의 과거 실패와 주위의 경험으로 한계를 정한다고 한다. '더 이상 안 돼.'라고 말이다.

힘이 가장 많이 들 때 혹은 힘들기 전에 '딱 이만큼이야.' 또는 '이만큼 해도 내 능력 이상을 써 버렸어.'라고 생각하는 것이다. 그런데 그런 생각이 들 때 조금만 더 해 보라는 거다.

언젠가 삼 일간 만 배 기도를 할 때였다. 마지막 천 배가 몸의 마디마디를 잘라 내는 듯, 지금까지 해 온 구천 배를 다 잊을 만큼 힘들었다. 다 놓고 싶었다.

그렇게 한 번, 두 번, 세 번…. 만 배의 절을 마치고 부처님을 바라보며, 그저 웃었다. 지금 가장 힘들다 싶을 때,

그때가 어쩌면 우리 삶의 절정에 도달하려는 때가 아닐까 싶다.

여기서 한 번, 두 번 그리고 세 번. 숨 고르기 하며 넘어보는 거다. 자! 하나, 둘, 셋.

과거로의 여행

"만약 과거로 돌아간다면 당신은 지금 만나고 있는 인연을 다시 만나고 싶으신가요?"

우리가 이런 질문을 받는다면 어떤 대답을 할 수 있을까?

얼마 전 어느 조사기관의 설문 조사 결과를 보면서 적잖이 놀랐던 기억이 있다. 그 조사에 참여했던 사람들 대부분이 자신이 살아온 과거로 굳이 돌아가고 싶지 않다는 대답을 한 것이다.

사찰에 나오는 신도들에게 가끔 이런 질문을 한다. 지금의 남편과 아내를 다음 생애에도 다시 부부로 만나고 싶으냐고 말이다. 열 명 중 한두 명 빼고는 현재의 배우자를 만나고 싶지 않다고 했다. 분명 처음에는 아름답고 소중해서 놓아 버릴 수 없다고 생각한 인연이었을 텐데.

어쩌면 과거로 돌아간다는 가정은 같은 시간을 다시 살아 볼 기회를 준다는 의미와 같은지도 모른다. 많은 사람이 현재의 인연을 다시 만나고 싶지 않다고 대답한 것은 지금의 삶이 만족스럽지 않고, 지나온 시간을 되돌려 한 번 더 기회를 얻고 싶다는 뜻인지도 모르겠다. 한마디로 좀 다른 선택을 해 보고 싶은 것이 아닐까?

오래전에 상영된 〈백 투 더 퓨처(Back To The Future)〉라는 영화를 보면 주인공이 과거로 가서 부모님의 젊은 시절을 관찰하는 장면이 나온다. 그때 주인공은 행여 자기 부모님의 인연이 어긋날까 봐 고군분투하는데, 만약 두 사람이 만나지 못하면 자신도 결코 존재할 수 없기에 목숨을 걸고 두 사람을 맺어 주려 애쓰던 모습이 무척 코믹했던 것 같다. 과거로의 여행을 마치고 돌아온 주인공은 부모님의 젊은 시절 모습에서 자신을 보게 되고, 현실의 자신이 얼마나 소중한지 깨닫게 된다.

우리 삶에서 화려하지도 편안하지도 따뜻하지도 않은 시간은 아주 많다. 다만 그 어두웠던 시간 또한 삶에서 빼 버릴 수 없는 시간이다.

가끔 나도 '내 삶에 그런 시간이 없었더라면', '그런 일을 하지 않았더라면', '그런 사람을 만나지 않았더라면'이라는 생각을 하기도 한다. 그러나 그런 시간, 그런 사람들, 그런 사건들이 없었더라면 현재가 소중하다는 것을 아는 지금의 나도 없었을 것이다.

    과거가 궁금하다면 지금의 나를 보고, 미래가 궁금하다면 또한 지금의 나를 보라는 경전 말씀을 생각해 보면서, 깊어 가는 가을날 과거로 여행을 떠나며 나를 바라본다. 그 여행 속에서 아팠던 기억도, 그 기억 속에서 함께한 사람들도 그때의 내가 아닌 지금의 내가 되어 받아들여 본다.

누군가를 위해 사는 것

집과 직장의 거리가 먼 한 가장이 있었다. 처음에는 가족을 위해서라면 출퇴근의 피곤함이나 직장에서 받는 스트레스 따위는 얼마든지 견딜 수 있었다.

하지만 시간이 지나고 나니 힘겨워졌다. 가족이 자신의 어려움을 알아주지 않는 것도 못내 서운했다. 가족을 대하는 태도가 점점 불만으로 가득 찼고, 가족 또한 매사 불평이 많아진 가장이 편하지는 않았다.

갈등 끝에 부부가 나를 찾아와 호소했다.

"아무것도 이해해 주고 알아주지 않아요."

나도 두 사람처럼 화가 난다고 말했다. 한 가족 구성원의 사소한 감정에서 비롯된 일들이 가족 문제에서 벗어나 사회 문제가 되어 가는 현실에 화가 났고, 서로 자기만 알아 달라는 그들이 안타깝고 연민스러웠다.

흔히 사람들은 '무언가를' 위해서, '누군가를' 위해서 사는 것을 대단한 일인 양 여기고 큰 의미를 부여한다. 자식을 위해 개인적인 삶 정도는 포기할 줄 알아야 훌륭한 부모고 그것이 삶의 기쁨이라고 말한다.

그러나 결정적인 삶의 기로에 섰을 때, 지금까지 살아온 희생적인 삶과 태도는 힘을 잃는다. 열 번 잘했어도 한 번 잘못한 일 때문에 그 사람은 항상 잘못한 걸로 끝나 버린다. 인과법을 잘 알고 있는 불자의 삶에서도 그런 일들은 자주 일어난다.

우리가 선행을 베풀고 누군가를 위해 희생했던 일이 진정한 사랑에서 비롯된 것이 아니라 그저 자신의 욕망의 한 부분이 아니었나를 자문하지 않을 수 없다.

불교에서 가장 이상적인 삶의 태도를 꼽자면 '자타일시성불도自他一時成佛道'라고 할 수 있다. 나도 깨닫고 상대도 깨달을 수 있도록 방법과 길을 열어 주는 것, 이것이 나도 행복하고 상대도 행복할 수 있는 공존의 삶이다.

어린 시절 다들 한 번씩 겪어 봤을 어머니의 거짓말을 생각해 보자. "엄마는 생선 머리가 더 맛있어."

나는 그 말 뒤에 숨겨진 어머니의 진심을 이제는 안다. 너희가 행복해지는 동시에 나도 행복하게 된다는 불교의 가장 이상적인 삶의 태도가 마음으로부터 우러나온 것이다.

혹시 우리는 '무엇'이나 '누구'를 위해 산다고 말하면서 실상은 너와 나를 분리하고 그 희생의 대가를 바란 것은 아닐까. 베푼다는 마음 없이, 희생한다는 생각 없이 우리의 걸음걸음 안에 너와 내가 모두 공존할 수는 없을까?

나도 행복하고 상대도 행복하게 사는 가장 빠른 길은 애초부터 너와 나는 둘이 아님을 삶에서 깨닫는 것이다. 그것이 우리가 수행하는 이유다.

무명
풀옷

코끝이 찡할 정도로 바람이 차다. 아침에 문득 무명으로 만들어진 옷을 손보았다. 이제는 적당히 닳을 만큼 닳은, 한풀이 아니라 두 풀, 세 풀 정도 숨이 죽은 무명옷을 들여다보면서 가만히 미소 짓게 되었다.

오래전, 아직 덜 익고 덜 숙성된 사람을 이를 때 '손질 덜된 풀옷 같다.'는 표현을 자주 썼다. 풀옷을 손질해 본 이들은 알겠지만 풀만 잔뜩 먹인다고 되는 것이 아니다. 풀을 적당히 먹이고 손으로 다듬고 밟는 과정을 예닐곱 번 반복한 후 다림질을 해야 반질반질하고 입어도 전혀 불편하지 않은 옷이 된다. 이런 과정을 거치지 않은 풀옷은 입으면 불편하고 어색해 보이고 또 이상하게도 풀이 빨리 죽어 버린다.

사람에게도 그런 시기가 있다. 아직 시간의 무서움을 알지 못할 때는 마치 손질 덜된 풀옷처럼 누가 봐도 자연스럽지 못하고 불편한 이미지를 주고, 쉽게 풀 기운이 사라지는 듯하다. 이제는 닳고 닳아 편안함으로 자리한 이 풀옷처럼, 나도 많은 과정을 거쳐 손질 잘된 편안함을 가질 수 있도록 해야겠다.

매일 조금씩 이별하는 삶

언제부터인지 책을 볼 때나 글을 읽을 때, 잘 보이지 않았다. 앞으로 당겨서도 보고 중간에도 놓아 보고 별별 방법을 쓰는데도 글씨가 잘 보이지 않아 나도 이젠 조금씩 '퇴화'하고 있구나 싶어 잠깐 우울해졌다. 어린 시절 할머니께서 돋보기 너머 멀찌감치 글자를 놓고 보시던, 그 이해할 수 없던 행동을 이제는 내가 한다. 글자를 멀리 두어야 오히려 잘 보이는 참 요상한 일을 말이다.

시력이 나쁜 편은 아니었지만 난시가 있어서 안경을 쓰곤 했다. 하지만 동그란 유리알에 의존해서 세상을 바라보는 것이 마음에 들지 않아 평소에는 안경을 쓰지 않았다. 그러다 근래에 책이나 글씨를 멀리 두는 현상이 더 심해져서 안경원을 찾을 수밖에 없었다.

요즘 안경원은 예전과는 많이 다르다. 곳곳에 첨단 기계들이 있다. 시력을 점검하고 눈에 맞는 안경을 고르는 데 기계의 도움을 받았다. 상태를 보려고 매끈한 기계에 눈을 대 보니 왼쪽 눈이 오른쪽 눈과는 어딘지 상태가 달랐다. 아침 공양을 조금밖에 먹지 않아 힘이 없어 그런가 하며 혼자서 이런저런 짐작을 하는데 점원이 말했다.

"스님, 오른손을 주로 쓰는 사람, 왼손을 주로 쓰는 사람이 있지요. 눈도 비슷합니다. 오른쪽 눈으로만 사물을 보면 왼쪽 눈의 기능이 점점 떨어집니다. 그러다 보면 시력에 큰 이상이 올 수도 있습니다."

처음 듣는 소리였다. 눈도 어느 쪽을 쓰느냐에 따라 기능에 차이가 난다니. 한쪽 눈으로, 내가 편한 대로 세상을 보려 했던 나를 발견하는 작은 계기이기도 했다.

눈이 이렇게 되니, 치아에 대한 일도 떠오른다. 어린 시절에 나는 단것을 좋아하지 않아 충치가 없었다. 그래서 여러 어른이 기특해하셨다. 그런데 어느 해 치과에 가니 충치가 몇 개 있다는 진단을 받았다. 충격이었다. 나이 든 사람을 무시하지 말라면서 "너희도 다 늙을 것이다."라고 간혹 던지시던 어른들의 말씀이 귓가를 맴돌았다.

어리석게도 우리는 늙기 전에는 자신이 늙어 가고 있음을 인지하지 못한다. 마냥 젊은 날이 계속될 것 같은 착각을 하고 산다. 그렇게 자만하다가 이미 흘러가 버린 시간, 늦어 버린 때를 발견한다. 눈이며 치아며 청년 시절과 다르게 활력을 잃는 이런 변화는 많은 생각을 하게 한다. 특히 생멸에 관해서, 간직해야 할 것에 관해서.

이 세상에 고정된 실체는 아무것도 없기에 우리의 육신도 하나씩 낡고 허물어지고 끝내는 사라질 것이다. 살아가면서 눈에 보이는 이런 변화를 마음속에 새기고 인식하면서 매일 조금씩 '잃어 가고 있음'을 느낀다.

동시에 우리가 삶에서 쉽게 잃어 가는 것은 무엇인지도 생각해 본다. 거짓 앞에서 진실을 잃고 살아가는 것은 아닌지, 현실 앞에서 이성을 잃어 가고 있는 것은 아닌지, 정해진 틀 속에서 자신의 모양을 잃어 가고 있는 것은 아닌지, 권력 앞에서 순수를 잃어 가고 있는 것은 아닌지. 나는 왼쪽 눈의 시력을 고정해 준다는 안경을 앞에 두고는 한참을 생각해 본다.

감춰도 나오는 송곳

　　　　　춘추전국시대 말엽의 일이다. 진나라의 공격을 받은 조나라 혜문왕은 평원군을 초나라에 보내어 구원군을 청하게 했다. 평원군은 문무의 덕을 겸비한 수행원 스무 명과 동행하기로 하고 인재를 찾았다. 열아홉 명은 구했지만 나머지 한 사람은 마땅한 이가 없었다.

그때 모수라는 사람이 자원했다.

"제발 저를 수행원에 넣어 주십시오."

평원군이 물었다.

"나의 문하에 몇 해 동안이나 계셨소?"

"삼 년 됐습니다."

"현명한 선비가 세상에 있으면 마치 송곳이 주머니 속에 있는 것처럼 그 끝이 즉시 나타나 남의 눈에 띄는 법이오. 그러나 그대는 이제까지 단 한 번도 이름이 드러난 적이 없지 않소?"

그때 모수가 대답했다.

"그러니 오늘 비로소 주머니 속에 넣어 주시기를 청하는 것입니다. 저를 조금 더 빨리 주머니에 넣어 주셨더라면 벌써 송곳 자루까지 나왔을 것입니다."

재치 있는 모수의 답변에 만족한 평원군은 모수를 마지막 수행원으로 임명했다.

재능이 뛰어난 사람은 아무리 숨어 있어도 남의 눈에 띈다는 고사성어 낭중지추囊中之錐 이야기다. 속세를 떠나 속박 없이 조용하고 편안히 산다는 유유자적悠悠自適이라는 말처럼 시대가 자신과 맞지 않으면 스스로를 숨기고 강태공처럼 세월을 낚는 사람들이 있다. 하지만 그렇게 살아도 그들의 그 넘치는 재능은 숨길 수가 없을 것이다.

그런데 나는 그런 재주와 시대를 아파하는 마음이 있다면 두꺼운 한쪽 주머니 속에서 뾰족함을 감출 것이 아니라 날카로운 예지로 세상을 밝혀 보는 것이 더 좋다고 생각한다.

어둠과 밝음이 공존하기에 세상은 우리가 원하는 밝음을 내어놓을 수가 있는 것이다. 시대가 혼탁해질수록 세상을 맑혀 줄 영웅을 찾게 된다. 그런 영웅은 세상과 적당히 타협하는 소인이 아닌, 본질을 날카롭게 꿰뚫어 볼 수 있는 눈 밝은 대인이 되어야 하겠다.

세상을 살아가다 보면 다양한 사람을 만난다. 다른 사람에게 무조건 찬성하고 비위를 맞추며 사는 사람보다 신념이 뚜렷하고, 그 날카로움을 숨기려 하지만 어쩔 수 없이 드러나고 마는 사람들을 만날 때가 있다. 그럴 때마다 나는 그이가 감춰 두어도 주머니 속을 뚫고 나오는 송곳처럼 세상의 곪아 있는 부분을 그 날카로운 끝으로 콕 찔러 주는 사람이기를 바라 본다.

끝과 끝

중국 베이징에서 다른 지역으로 이동하기 위해 베이징역에 간 적이 있다. 중국 대륙의 모든 인구가 역에 다 모여 있는 듯 복잡했고, 개찰구를 통해 들어가는 사람들의 숫자가 적어도 몇천 명은 넘는 것 같았다. 기차 시간에 맞춰 역에 도착한 나는 그 줄 맨 끝에 서 있었다. 낯선 땅, 그것도 가장 끝에 선 나는 마치 세상 끝자락에 서 있는 것 같았다.

그때였다. 역내 방송으로 플랫폼이 반대 방향으로 바뀌었다는 안내가 흘러나왔다. 끝자락에 서 있던 나는 몸을 돌려 반대편으로 돌아섰고 가장 끝줄은 가장 첫 줄이 되었다. 나와 함께 끝줄에 서 있던 사람들은, 비록 말은 통하지 않았지만 마치 전쟁터에 나가 승리한 듯한 표정으로 서로를 쳐다보며 짧게나마 함께 웃었다. 방향이 바뀌기 전,

그 앞줄에 서 있던 사람들의 마음과 표정 또한 충분히 상상할 수 있지 않겠는가.

여정 중에 만난 작은 일이었지만 돌아오고 나서도 나는 한참을 그때 그 기분을 생각하게 된다. 순서와 순위가 바뀌고 서열이 바뀌는 과정 속에서 극과 극으로 각자의 기분이 바뀌고, 그 속에서 세상의 끝과 끝을 왔다 갔다 하는 삶을 살아가고 있는 우리이기 때문이다.

권불십년權不十年이라고 했던가. 권력과 위세가 아무리 뛰어나도 영원한 권력과 위세를 떨칠 수 있는 세상은 없을 것이다. 그래서 그 권력을 잡고 있을 때 힘을 잘 쓸 수 있는 사람이 시간이 지나서도 역사 속 위인으로 존경받을 수 있는 것이 아닐까 싶다.

몇천 명이 선 줄에서의 일등도 그리 좋았는데 권력의 쟁취 앞에서는 어떨까. 쉽게 짐작 못하지만 인생 최고의 첫 줄에 섰다고 자만심에 빠져 있으면 안 될 일임은 분명한 것 같다. '화무십일홍花無十日紅', '권불십년'이라는 말이 그냥 만들어진 말은 분명 아닐 것이다. 그것은 강한 힘을 누리며 기쁨에 차 있었던 사람들이 그 권력을 돌아보면서 만든 말이기 때문이다.

공존의 의미

"오리 다리는 비록 짧지만
이어 주면 괴로워하고,
학 다리는 비록 길지만
잘라 주면 슬퍼한다."

- 『장자』「외편」

일곱 살 꼬마가 투덜거리며 말했다.
"그 아이랑은 생각이 달라서 함께 놀 수가 없어."라고.
어른들도 내게 와서 말한다.
"그 사람과는 코드가 맞지 않아서…"
어른, 아이 할 것 없이 서로 맞지 않을 때 함께 무엇을 하기란 결코 쉽지 않다. 나 또한 그런 마음의 힘겨움이 수없이 많은 것이 사실이다. 심지어 아침에 신은 양말이 불편하면 신경이 온통 그곳에 가 있게 된다.

그런데 또 달리 생각해 보면 내 생각이 다르듯 상대의 생각도 분명 다를 것이다. 그 다름이 모여 전체의 세상을 만들고 있는 것인데도 불편한 마음을 쉽게 떨쳐 내지 못할 때가 많다. 차이가 나는 공존을 하고 있는 것인데, 그 차이만큼 공존을 인정하지 않아 '이 사람 때문에 괴롭고 저 사람 때문에 일을 할 수 없다.'고 변명 아닌 변명을 할 때가 많은 것이다.

오리 다리가 짧다고 붙여 주면 오리로서의 삶을 살아 내지 못한다. 또한 학의 다리가 길다고 잘라 주면 학은 더 이상 학이 아닐 것이다. 다름을 인정하고 차이 나는 공존의 의미를 생각하게 하는 장자의 말씀을 오늘 아침 빈 마음으로 만나 보고 있다.

잘 먹고 잘 사는가

　　　　엘리자베스 길버트의 저서인 『먹고 사랑하고 기도하라』. 오래전에 책과 영화로 감동을 받았던 이 작품이 재작년부터 다시 사람들에게 회자되고 있다는 기사를 보았다. 명작과 명화는 아무리 시간이 흘러도 사람들의 마음을 흔들고 보편적 감동을 선사하나 보다.

　영화 속에서 주인공 리즈는 틀에 박힌 일상을 과감히 벗어던지고 진정한 자아를 찾기 위해 긴 여정을 떠난다. 이탈리아, 인도, 인도네시아 발리를 일 년 넘게 여행하며 보고 듣고 느끼고 삶을 성찰하는 시간을 갖는데, 이 과정에서 차츰 인생의 해답을 얻어 가는 리즈의 모습을 보며 많은 사람이 자신만의 케렌시아(Querencia, 안식처)를 꿈꾸었을 것 같다.

　이 작품 속의 주인공처럼 삶의 문제에 부딪쳤을 때, 우리는 어떻게 해야 가장 지혜롭게 처신할 수 있을까? 각자 조금씩 다르겠지만 나에게 있어서는 우선 '기도'이다. 모든 생각을 내려 두고 그저 기도로써 나를 들여다보는 작업이 가장 지혜로운 삶의 태도였다.

나 자신을 가장 아래에 두고 나를 바라보면 지금까지 고뇌했던 상황과 일들이 그저 일어날 수 있는 일임을, 견딜 수 있는 일임을 깨닫게 된다.

그리고 또 하나, 아무 생각 없이 '걷는 것'이다. 한 번 한 번 마음을 다해 절을 올리듯 한 발 한 발 걷다 보면 마음이 풀리고 얽혀 있던 일들도 실마리가 보인다.

마지막은 가볍게 그리고 행복하게 '먹는 것'이다. 얼마 전 삶의 고뇌가 많아서 죽을 만큼 힘들다는 분이 찾아와서 함께 공양을 했다. 고뇌가 많은 사람이라고 하기에는 밥을 아주 잘 드셨다. "밥을 잘 먹는 거 보니 죽을 것 같진 않다."라고 말하면서 함께 웃었다.

잘 먹고 잘 산다는 일. 호의호식하면서 사는 것을 말하는 건 아니리라. 바르게 세상을 바라보면서 정당한 밥을 먹고 부끄럽지 않게 기도할 수 있는 상태라면 진정 잘 먹고 잘 사는 것이 아니겠는가.

오랜만에 다시 책장을 넘겨 보는 엘리자베스 길버트의 『먹고 사랑하고 기도하라』. 오늘따라 책의 내용이 좀 더 명료하게 다가온다.

진정한 복수

가난한 동생과 잘사는 형이 있었다. 어느 날 동생은 형에게 부탁을 하나 한다. 먼 곳에서 큰돈을 벌 기회가 생겼으니 그곳까지 타고 갈 말을 한 필 빌려 달라고. 그러나 형은 야속하게도 아우의 부탁을 들어주지 않았다.

아우는 몇 달이나 걷고 또 걸어 목적지에 도착했고, 있는 힘을 다해 돈을 벌었다. 몇 년의 세월이 흘렀다. 열심히 일한 동생은 부유해졌고 자기 재산만 지키려고 했던 옹졸한 형은 친구의 꼬임에 속아 하루아침에 빈털터리가 되었다.

이제는 입장이 바뀐 형이 아우에게 말을 한 필 빌리러 찾아간다. 아우는 어떻게 했을까? 예전의 형처럼 말을 빌려주지 않았을까? 아니, 아우는 한발 더 나아가 형에게 말이 끄는 마차를 흔쾌하게 내어 주었다.

꽤 오래전에 이 이야기를 접하고 '복수'라는 것이 무엇인지 곰곰이 생각했다. 진정한 복수는 내가 받은 안 좋았던 느낌대로 '반사'하는 것이 아니다. 오히려 상대가 자신처럼 그런 복수를 하겠거니 짐작하는 것과 반대로 더 큰 호의와 자비, 배려로 갚는 것이 진짜 복수일 것이다.

너도 한번 당해 보라는 생각으로 앙갚음해 봤자 돌아오는 것은 후회와 망상뿐임을 알아야 한다. 살면서 사람들과 부딪치는 일이 다반사인데, 그때마다 마음 아파하며 이를 갈고 복수를 꿈꿀 수는 없는 일이다. 이 글을 쓰는 시간, 다시 한번 생각해 본다. 삶의 진정한 복수에 대해서.

세상에 비밀은 없다

　　　　　　　오래전부터 책꽂이에 꽂혀 있는 시집을 꺼내 보았다. 낯익은 글씨체를 보고 다시 한번 시집을 찬찬히 보았다. 이 시집 속의 시를 열심히 읽고 있을 때의 나는 이토록 시인의 감성이었던가. 내가 아닌 타인의 시를 읽듯 감수성 짙은 내용을 읽으면서 슬쩍 시집을 방으로 들고 들어왔다. 누군가 본다면 이해 못할 것 같은 내용, 이해한다면 부끄러울 것 같은 생각이 드는, 이십여 년이 다 된 시집 속 내 글귀에 피식 웃어 본다.

　중학교 시절이었던 것 같다. 한창 사춘기를 겪고 있을 때였다. 일기장을 하나 샀는데 자물쇠가 달려 있었다. 무슨 엄청난 내용을 적기라도 할 듯이 하루에 몇 줄의 글을 적어 놓고는 열쇠로 잠그고, 그 열쇠는 또 어딘가에 숨긴다고 머리를 쓰곤 했다. 그런데 그토록 꼭꼭 숨겨 둔 일기장을 누군가 열어 보았다. 일기장을 본 대상에 대한 배신감!

그때부터 나에 대한 어떤 내용도 적지 않겠다 다짐했다. 그 후로 일기를 쓰지 않았던 것 같다. 어린 나이에 세상에는 비밀이 없다는 것을 느꼈고, 얼마 지나지 않아 세상에 따로 숨길 비밀 따위는 없다는 걸 서서히 알게 되었던 것 같다.

친구끼리 새끼손가락 꼭꼭 걸고 약속했다. 세상에 그 어떤 일이 있어도 우리가 나눈 비밀은 꼭 지켜야 한다고. 며칠 지나지 않아 손가락 꼭꼭 걸었던 두 아이는 서로 다른 친구에게 "이건 비밀이야."라고 속삭였다. 그 이후로는 친구와 손가락 걸고 복사하고 팩스까지 보냈던 그 의식을 치르지 않게 되었다.

출가해서도 때로는 내가, 때로는 상대가 거대한(?) 비밀의 약속을 깨어 버리는 만행을 서로 저지르곤 했다. "세상에 비밀은 없어."라고 하면서 말이다.

범죄 수사를 할 때, 공모 여부 등을 조사하려고 용의자들을 각자 다른 방에 넣는다. 그리고 그중 한 명에게 수사관은 "다른 녀석이 너 혼자 했다고 하던데. 그렇게 자백했어."라고 말한다. 그러면 용의자가 한참 고민하다 결국 모든 것을 실토하는 장면을 우리는 영화나 TV에서 자주 본다. 이런 것을 놓고 뭐, 배신이라는 단어를 떠올리기보다 이런 생각이 든다. '세상에 비밀이 어디 있나.'

그럴 것이다. 누군가에게는 숨기고 싶은 일이 또 다른 사람에게는 별것 아닌, 그저 살면서 겪는 평범한 일일 수 있다. 때로는 자신이 저지른 거대한 범죄나 잘못을 덮기 위해서 사람을 해치기도 하고, 뇌물로 그 사람의 입을 막으려고도 하지만 결국은 세상이 알게 되는 경우가 많다. 정의롭게 얻지 않은 돈을 땅에 묻거나 다른 방법으로 아무리 숨겨 놓아도 언젠가는 발각되어 세상을 떠들썩하게 한다.

불교 경전에서는 옳지 못한 것으로 상대를 속이거나 숨기면 그 업의 지중함은 이루 말할 수 없을 것이라 했다. 세상에 비밀은 없다. 그러니 비밀을 굳이 만들 필요도 없을 것 같다.

> 있는 그대로, 숨기지 말고 깔끔하게 살기. 설령 잘못을 저질렀다 하더라도 인정하고 솔직하게 살기.

그렇게 살면 자신을 내보이는 일이 스스로를 지키는 일이 될 테니 더욱 좋고, 더욱 깨끗한 개인과 사회와 세상을 만들 수 있지 않을까 생각해 본다.

순간의 선택

순간의 선택이 10년을 좌우합니다.

이 광고 문구를 기억하고 있는 분들이 많을 것이다. 이 문구처럼 찰나에 우리가 하는 선택은 되돌릴 수 없는 후회를 남기기도 하고 삶의 기쁨이 되기도 한다.

어린 시절 학교 수업을 마치고 집으로 돌아오던 나는 500원짜리 지폐를 길옆 수로에서 발견했다. 지금 다시 생각해 봐도 당시의 어린 나는 굉장히 많이 망설였던 것 같다. 그 길을 몇 번이나 왔다 갔다 하면서 수없이 고민했다. 500원이면 쭈쭈바를 몇 개 사 먹을 수 있고, 그림 인형 몇 장을 살 수 있고…. 머리가 복잡했다.

그 짧은 길을 여러 번 왕복하던 어린 나는 조금은 후회스럽고 조금은 기쁜 마음을 품고 집으로 돌아왔다. 손에

500원 지폐를 쥐지 않은 채로 말이다.

가끔 어릴 적 그때의 기억이 난다. 비록 어린아이였지만 잠깐 겪었던 마음의 갈등은 그 500원을 줍느냐 마느냐 하는 문제를 떠나서 선이냐 악이냐, 이 두 가지 선택이 중요했다는 기억도 함께 떠오른다.

지금도 가끔 자문한다. '줍지 않길 잘했나?' 하는 생각 뒤에 드는 또 다른 생각은 순간의 선택을 잘해야 한다는 것이다.

여하튼 우리 삶에서는 선택의 기로에 놓이는 순간이 많다. 실리를 택할 것인지, 진심을 택할 것인지 골라야 하는 시간 말이다. 양쪽 다 가질 수 있다면 금상첨화지만 세상은, 세상의 이치는 양손에 떡을 쥐어 주지 않는다.

나에게 어느 한쪽을 선택하라고 한다면, 그래도 여전히 진심을 택하고 싶다. 실리를 택하지 않아서 조금 추울 수도 있겠지만, 이 선택으로 인해 마음의 추위를 느끼는 것보다는 진심을 택해서 몸이 추운 게 더 낫다는 걸 시간을 견뎌 낼수록 느끼고 있으니 말이다.

오늘도 나는 선택한다. 수백 번, 수천 번씩 아슬아슬한 고비를 넘어 진심을 택하는 귀한 노력을 하고 있다.

인생의 짐

　　　　　　개그맨 이경규 씨가 "인생의 짐을 함부로 내려놓지 말라."라는 강연을 해서 큰 반응을 일으킨 적이 있다. "지고 가는 배낭이 너무 무거워 벗어 버리고 싶었지만 참고 정상까지 올라가 배낭을 열어 보니 먹을 것이 가득했다."는 것이다.

　인생도 이와 다를 바 없다. 짐 없이 사는 사람은 없다. 사람은 누구나 이 세상에 태어나서 저마다 힘든 짐을 감당하다가 저세상으로 간다.

　　인생 자체가 짐이다.
　　가난도 짐이고
　　부유도 짐이다.
　　질병도 짐이고

건강도 짐이다.

책임도 짐이고

권세도 짐이다.

헤어짐도 짐이고

만남도 짐이다.

미움도 짐이고

사랑도 짐이다.

  살면서 만나는 일 중에 짐 아닌 게 하나도 없다. 이럴 바엔 기꺼이 짐을 짊어져라. 언젠가 짐을 풀 때 짐의 무게만큼 보람과 행복을 얻게 될 것이다.

  아프리카의 어느 원주민은 강을 건널 때 큰 돌덩이를 진다고 한다. 급류에 휩쓸리지 않기 위해서라는데, 무거운 짐이 자신을 살린다는 것을 깨친 것이리라. 헛바퀴가 도는 차에 일부러 짐을 싣는 것도 같은 이치이다.

  그러고 보면 짐이 마냥 나쁜 것만은 아니다. 손쉽게 들거나 주머니에 넣을 수 있다면 그건 짐이 아니다. 짐을 한번 져 보라. 자연스럽게 걸음걸이가 조심스러워진다. 절로 고개가 수그러지고 허리가 굽어진다. 자꾸 시선이 아래로 향한다.

  누군가 나를 기억해 주는 이가 있다는 건 참으로 고마운 일이다. 누군가 나를 걱정해 주는 이가 있다는 건 참으로 행복한 일이다.

> 괜찮은 거지?
> 별일 없지?
> 아프지 마!

나도 누군가에게 고맙고 행복을 주는 사람이 되고 싶다. 행복은 멀리 있는 게 아니다. 내 마음속에 항상 나와 함께 있다. 오늘도 행복하기를.

여전히 꿈 속

　　　　　간밤에 꿈을 꾸었다. 깨어나서는 한참을 생각했다. "그 사람은 꿈속에서 나에게 왜 그리한 것일까…." 꿈이 아닌 현실로 돌아와서도 한참을 꿈속의 내가 되어 있는 것이다.

　장자의 나비 꿈과 내가 꾼 꿈은 무엇이 다른 것인가. 꿈속의 나비가 나인지 현재의 내가 나인지 구분하기 쉽지 않은 상황이 이런 것이었을까? 꿈속의 일로 언짢아하는 내가 나인가, 그 생각으로 현실에서 언짢아하는 내가 나인가. 꿈과 현실이 정리되지 않는다.

　꿈과 현실을 구분하지 못하고 사는 일들이 이처럼 꿈을 꾸고 난 뒤의 상념에서만 나타나는 것은 아닐 것이다. 현재 내가 처한 위치를 파악하지 못해서, 또는 무엇을 하면서 살아야 할지를 여전히 찾지 못해서 꿈속처럼 헤매고 살아가는 이들이 주변에 너무 많다.

조사스님들의 옛글을 보면 빨리 흘러가는 시간 속에서 마음을 챙기는 장면이 적지 않다. 꿈같은 현실에서, 다시 말하면 범부의 중생 놀음에서 벗어나 자기의 마음을 한 번이라도 더 챙기기를 바라는 당부의 말씀들이다.

『삼국유사』 제3권 「탑상」 편에 실린 '조신몽調信夢' 속 꿈 이야기가 흥미롭다. 조신의 아내가 꿈결에 했던 말은 무엇보다도 현실적이었다. "아름다운 얼굴에 밝은 웃음은 풀잎 위의 이슬처럼 사라지고, 난초처럼 향기로운 언약은 바람에 날리는 버들가지처럼 지나갔습니다. 이제 생각해 보니, 예전의 즐거움이 바로 근심의 뿌리였습니다."

오늘도 여전히 꿈속에서, 꿈같은 놀음을 하고 있지만 오늘이 지나고 찾아오는 내일에는 그 놀음에서 조금씩 벗어나기를 한 걸음 한 걸음 정진해 본다.

관념과 타성 벗어나기

> 떠나야 할 때를 알고 떠나는 사람의 뒷모습은 아름답다.

참 멋진 말이다. 그런데 이 말은 쉽고도 어려운 말이다. 가끔 이런 멋진 말을 실천하는 멋있는 사람을 만날 때가 있다. 정치를 했던 이나 한 종교의 수장이었던 이가 겸허히 그 자리를 내려와 떠나는 뒷모습을 볼 때면 오래도록 아름다운 장면이라는 생각이 들곤 한다. 저런 이들이라면 그 자리에 계속 있었어도 향기를 나누면서 살지 않았을까 하고 말이다.

굳이 말하지 않더라도 노력해 본 사람이라면 알고 있을 것이다. 어느 위치에 오르기까지 한 사람이 얼마나 많은 노력을 해야 하는지. 그렇게 최선을 다해 오른 자리에서

"오를 때 최선을 다했기에 내려올 때 미련 없이 내려온다."
며 떠나는 일은 분명 쉬운 게 아니다.

자신이 만들어 놓은 자리나 일을 지켜 내지 못하면 자신마저 사라질지 모른다는 착각이 우리를 더욱 집착하게 만든다. 사실 그런 집착은 결코 아름답지 못한 것임에도 불구하고 내가 아니면 안 된다는 망상이 인간을 추하고 초라하게 만드는 것이다. 한번 맛본 권력의 끈을 놓지 못해 그 끈을 더욱 세게 잡으려는 마음에 다른 세력들을 견제하고자 결코 아름답지 못한 일을 만들고 실행하는 악순환이 그런 착각의 뒤를 잇는다.

권력의 힘은 대단하다. 권력을 유지하면서 얻는 부수의 것들이 맛있기에 더욱 그럴 것이다. 그런데 그 꿀맛을 과감하게 놓아 버릴 마음을 먹는 것은 그 자리에 오르기 위해 했던 노력보다 더 힘들 것이라는 생각이 든다. '전부'라고 알고 있던 지금까지의 상황에서 벗어나는 일은 물론 힘들겠지만 누구라도 그런 시간을 피할 수는 없다.

한평생을 놓고 보면, 한자리에 한 역할로 오래 머문다는 것은 정체되었다는 의미와도 같다. 어쩌면 내가 물러난 자리를 대신할 새로운 사람을 따라 흐를 수 있는 새로운 에너지의 물길을 막는 일이 될 수도 있다.

어느 한 지점에 이르렀을 때, 어렵지만 떠나 보자. 그 자리를 떠나서 그 자리에 있었던 자신을 바라보자. 어쩌면 그 자리에 있을 때는 볼 수 없었던 진정한 나를 발견할 수 있을지도 모른다. 조금은 힘들 수도 있다. 그동안 지켜 왔던 자리를 털고 새로운 곳으로 나아가는 불안감은 나이가 들수록 더할지도 모른다.

하지만 그럴 때일수록 용기를 내어 손을 놓는 연습을 해야 한다. 놓지 못할 것 같은 미련을 놓고, 뗄 수 없을 것 같은 집착을 던져 버리는 것이다. 그리고 새롭게 시작되는 세상에서 자신을 겸허히 바라보자.

때로는 낯선 거리에 우두커니 서서 나를 보라. 지금까지 경험하지 못했던 이질적인 사람들과의 부조화 속에 과감하게 던져진 나를 보자. 세상은 참 다른 풍경이 된다. 빈 몸으로 온전히 생을 마주하는 나를 발견하는 일, 인생에 한 번쯤 해 보아야 하는 일이 아닐까.

과거에 매이지 말라

고층 건물을 청소하는 사람들에게는 중요한 철칙이 있다고 한다.

"내려다보지 말 것."

내려다보는 순간 더 이상 앞으로 나아갈 수 없다는 것이다. 우리 삶도 마찬가지다. 이런저런 계산을 하느라 또는 과거에 매여 앞으로 나아가지 못하고 뒤만 돌아본다면 그 삶은 고정되어 결국 한자리에서 더 이상 발전하지 못할 것이다.

사람과 사람 사이도 그러하다. 지나간 일에 매여 원망하고 미워하는 마음을 버리지 못한다면 그 미움 때문에 관계를 발전시키지 못할 것이다.

"과거에 매이지 말라."

두 눈으로 정확히 보며 앞으로 뚜벅뚜벅 걸어 보는 거다.

그래도 살아야지

 아주 사소한 일 앞에서도 우리는 이런 말을 자주 한다. "죽고 싶다." 하지만 말로 짓는 인과의 진리를 알게 되면 생각과 말 또한 윤회의 고리를 만드는 것이기에 빈말이라도 이런 말을 하지 않게 된다.

 사람들은 부정적인 생각과 말을 쉽게 하지만 생각해 보면 죽을 각오로 견디면 살날도 오는 법이다. 물론 삶의 끝자락에서 죽음을 각오한 사람들의 심경이야 말로는 다 못하겠지만 죽는 일도 사는 일 못지않게 우리 마음대로 할 수 있는 일이 아니다.

 하루가 멀다 하고 전해지는 여러 연예인이나 공인의 안타까운 소식을 접하면 나는 혼잣말을 되뇐다. "그래도 살아야지. 살다 보면 다 지나가는 것인데."

 통계를 보니 2000년 이후부터 극단적인 선택을 한 연예인의 숫자가 오십여 명에 가깝다. 원인은 SNS의 발달로 인한, 불특정 다수의 견디기 어려운 인신공격과 악성 댓글로 추정된다.

공존하는 세상 속에서 칭찬하는 말보다 비방하고 비하하는 말을 더 많이 듣다 보면, 특히나 팬들의 사랑을 먹고 사는 이들은 더욱 견디기 힘들 것이다. 더 크게 보면 세상 사람 누구에게나 마찬가지다.

연예인뿐만이 아니라 한국인의 자살률은 경제협력개발기구(OECD) 국가 중에서 최고 수준인데 우리나라는 왜 이런 오명을 가질 만큼 비극적으로 되었을까?

오래된 나무를 보면 엄청난 나이테를 가지고 있다. 그 나이테는 하루아침에 만들어진 것이 아니라 몇백 년, 몇천 년이 흘러서 만들고 또 만들어진 것이다. 그 나이테는 거센 바람과 뜨거운 태양의 시간을 견뎌 낸 기록이다.

전쟁을 겪은 지 백 년도 되지 않은 우리가 이루어 낸 경제적·외적 성장은 엄청나지만 우리의 내적 성장은 아직 진행 중일지 모른다. 나 역시 아직 백 년도 살지 못했기에 그 나이에 맞게 시행착오가 많은데, 이 역시 견디기 위한 과정에 있는 것일 게다.

오래 숙성되지 못해서, 변화되는 과정에 있는 이를 결점투성이의 부족한 존재로 보고, 변화의 과정을 인내심 있게 지켜봐 주지 않고 서로를 매도하는 사회 구성원들의 잘못

된 생각. 그런 생각과 행태가 자살률 1위 국가라는 오명을 가져온 것이 아닌지 돌아볼 일이다.

마음의 군불을 지피다

일을 보러 나간 근처에 절이 있었다. 약속까지는 시간이 있었다. 법당에 들어가 참배를 해야겠다 싶어 모처럼 여유로운 마음으로 경내로 들어갔다. 법당에 들어가 절을 하고 도량을 둘러보니 전각이 많고 대웅전 규모도 크며 정비도 잘되어 있었다.

함께 간 보살님도 참배를 마치고 나오는데 창문 사이로 거사 한 분이 보살님에게 무슨 일로 왔느냐고 물었다. 참배하러 왔다고 대답하자마자 창문은 다시 닫혀 버렸다. 잠깐 온 것이지만 내 집에서 서러움을 느꼈다고 해야 하나. 같이 온 보살님에게 미안한 마음이 들었고 사찰이 겨울바람으로 지은 듯 차갑게 느껴지면서 잘 지어진 큰 법당이 아주 작게만 느껴졌다.

그동안 내가 우리 법당을 찾는 분들을 어떻게 맞이했는

지 돌아보지 않을 수 없었다. 물론 사찰을 찾는 모든 분과 소통할 수는 없지만 잠깐이라도 따뜻한 느낌을 받고 갈 수는 있게 해 줘야 하지 않나 하는 생각이 들었다.

내가 만일 출가하지 않은 일반 불자라면, 아니, 불자가 아니더라도 방문객으로 지금 이곳에 있다면 어떤 심정일까. 마음이 무척 힘들어 사찰을 찾은 사람이라면, 무엇인가 막막한 마음으로 찾아온 사람이라면 어떠했을까.

오래전 경북 김천의 한 사찰에 머물 때가 떠오른다. 작은 마을이라 절 근처에 교회도 있었다. 그런데 크리스마스가 며칠 남지 않았는데도 크리스마스트리나 관련 문구 하나 걸어 두지 않은 게 아닌가. 나는 무척 서운했다. 내가 왜 서운한지 몰라도 그 서운한 마음으로 교회에 전화를 걸었다. 전화를 받은 목사님은 갑작스러운 항의(?)에 당황하면서 다음 날 크리스마스트리 하나를 교회 문 앞에 놓아두었다.

그렇다. 사찰과 교회, 성당을 찾는 사람들에겐 위로받고 싶은 마음이 있다. 그들이 위로받을 수 있도록 분위기를 만드는 것은 그곳을 책임지는 우리 종교인이 담당해야 할 몫이다. 그 후 나는 부처님오신날이 다가오면 장엄등을 더 정성 들여 달았다. 이웃 종교를 말하지 않더라도 우리 사찰을 사람들이 찾았을 때, 그냥 갈 사람은 가더라도 따뜻한 느낌을 받고 떠나게 하고 싶었다.

내가 있는 법당도 그런 곳으로 만들려 노력하고 있다. 시간이 허락된다면 기꺼이 함께 앉아서 차를 나누면서 이야기를 듣고, 굳이 말을 하지 않더라도 머물기 쉬운 편안하고 포근한 공간으로 만들려 한다. 얼마 전 외국인이 우리 절 법당에서 다리를 쭉 뻗고 앉아 있는 모습을 보았다. 그는 서투른 한국말로 "편해요. 집 같아요."라고 말했다.

'집 같은 절.' 내게는 이 말이 멋진 칭찬으로 들렸다. 사람들에게 종교가 집이 될 수 없었기에 불편하고 부담스러운 것은 아닐까. 편안함으로 그들에게 다가가지 못했던 것은 아닐까. 그래서 우리만이 사는 절이 된 것은 아닐까. 스스로에게 물어보지 않을 수 없다.

부모와 함께 온 아이들이 떠들고 뛰어다녀도 그것을 못마땅하게 생각하지 않고 아이들과 이야기하고 들어주려 한다. 젊은 사람들이 부담스럽지 않도록 명상 음악이나 클래식 음악을 틀어 놓으면 그들이 부처님과 함께 음악을 들으면서 법당에 오래 머무는 모습을 보게 된다.

자주 찾는 법당, 오고 싶은 도량, 부담스럽지 않은 법당. 또 더 중요한, 따스함이 느껴지는 법당으로 다가가기 위해 나는 마음의 군불을 날마다 지펴 본다.

제가 잘하겠습니다

수행자들이 모여 사는 대중처소에서는 돌아가면서 한 철마다 한두 번씩 각자 소임을 맡는다. 승가대학에서 공부할 때였다. 새벽 예불 전에 사찰 마당을 돌며 생명체와 대중을 깨우는 도량석 의식을 맡아서 할 차례가 되었다. 새벽 3시에 정확히 목탁을 울려야 하기에 그런 날이면 전날 자명종을 새벽 2시 50분에 맞춰 놓고는 밤에도 몇 번씩 깨어나서 확인하곤 했다.

혹 시간을 못 맞추면 어쩌나 하는 걱정 때문에 백 일에 몇 번씩 돌아오는 그 의식이 여간 신경 쓰이는 것이 아니었다. 그날도 몇 번이나 확인하면서 잠을 설쳤지만, 그만 새벽 3시를 넘기고 말았다. 새벽 나의 목탁 소리에 맞춰 일어나는 대중 스님들에게 그날 나는 하루 종일 얼굴을 들 수 없었다. 날마다 맡는 소임도 아니고 한 철에 몇 번인데 그

책임을 다했더라면 얼마나 좋았을까. 지금도 잊지 못해 얼굴 붉어지는 부끄러운 기억이다.

출가 공동 수행체로서 대중이 모여 사는 곳에서는 모두가 각각의 소임을 가지는데 대중 큰방에는 그렇게 짠 내용을 적은 용상방龍象榜을 걸어 둔다. 한 철에 열 명의 대중이 모여 살더라도 조실祖室스님부터 보일러나 불을 맡는 화두, 국을 끓이는 갱두, 대중이 씻을 물을 데우는 욕두, 밥을 하는 공양주, 반찬 만드는 채공까지 팔십 개에 이르는 소임을 하나도 빠짐없이 나누어 맡는다. 이렇게 많은 소임 가운데 단 한 가지라도 소홀히 하거나 놓치면 그 대중 전체의 리듬이 깨지고 삐거덕거린다.

우리가 사는 사회를 가만히 보더라도 정부는 요소요소의 소임을 맡아 국정을 운영하는데 길거리에서 빗자루를 들고 비질을 하는 분에게까지도 그 맡은 책임은 무척 소중하다.

불가의 글 『치문경훈』 중에 '개중생지蓋衆生之 근욕성수根欲性殊'라는 말이 있다. 각자의 성품과 취향, 업의 본질이 달라 굳이 서로를 맞추려 하지 않아도 각자 본성대로 세상 한 부분을 담당하면서 살아간다는 뜻이다.

세상과 함께 호흡하다 보면 나에게 와서 이렇게 말하는 사람들이 있다.

"저 사람은 자기가 맡은 일을 제대로 해내지 못하고 있는 것 같아요."

그럴 때 나는 이렇게 대답한다.

"타인이 잘하고 못하는 것을 탓하지 말고 자신이 할 수 있는 일에 최선을 다하세요."

물론 우리가 기본으로 지켜야 할 최소한의 선은 분명히 있다. 하지만 그 선을 크게 넘지 않는 이상 타인의 어떤 행동에 관여할 필요는 없지 않을까. 자신이 맡은 일에 최선을 다하고 자신이 하는 일에 집중하고 살다 보면 누군가의 잘잘못과 말 한마디에 크게 신경 쓰일 일은 없다.

배우 이영애 씨가 한 영화 속 대사가 유행한 적이 있다. "너나 잘하세요."라는, 조금은 거슬리는 말이 우리 자신을 돌아보고 챙겨 보는 좌우명이 될 수도 있지 않을까.

각자의 위치에서 정말 좀 잘해 봤으면 싶다. 각각의 사람들이 그답게 그 위치에서 살아간다면 타인이 어떻게 사는지, 잘 사는지 못 사는지 이런 것에 신경 쓸 겨를 없이 자신이 처한 곳에서 맡은 일에 최선을 다할 수 있을 것이다. 오늘도 하루를 마감하며 가슴에 일렁이는 시시비비의 목소리를 잠시 접어 두고 가만히 읊조린다. "제가 잘하겠습니다."

주지스님 응답하라

　　　　　　　오전 사시 기도 중이었다. 한동안 얼굴을 볼 수 없었던 불자님이 불전 앞으로 나와 향공양을 올린다. 얼굴에 걱정이 가득한 것 같다. 기도를 마치고 차 한 잔 나누면서 이야기를 나눠 봐야겠다.

　매일 백팔배를 하러 오는 고등학생이 있다. 오늘은 얼굴도 맑고 활기가 넘친다. 뭔가 좋은 일이 있는 듯 나를 쳐다보는 걸 보니 하고 싶은 이야기가 있는 것 같다. 시간을 내서 들어 줘야 할 것 같다.

　소임을 사는 소임자 얼굴이 굳어 있다. 함께 소풍을 한 번 다녀와야겠다. 바람 쐬러 가야 할 때가 되었다고 표정으로 나에게 말한다.

　주지 소임을 살면 부처님과 소통하는 것보다 더 필요한 게 신도들과의 소통이고, 부처님 시봉하는 것보다 더 신경 쓰이는 것이 불자들의 시봉을 사는 것이다.

언젠가 부산의 미타선원 하림 스님께서는 달력에 불자들의 이름과 메모를 적어 둔다고 말씀하셨다. 보살님의 건강이 좋지 않아 보이면 전화나 문자로 몇 번씩 확인하고, 상황이 안 좋은 신도들도 메모해 두었다가 잊어버리지 않고 꼭 살펴본다는 것이다. 또 스님은 누구를 만나든 손을 꼭 잡는데, 손의 느낌으로 건강 상태라든지 현재의 심리 상태를 조금은 알 수 있어 그분들의 상황을 조금 더 자세히 살피게 된다고 하셨다.

그 말을 듣고 감동했다. 사실 사찰에 나오는 한두 명에게도 일일이 신경을 쓰는 일은 쉽지 않다. 그런데 혹여 그것을 잊어버릴까 달력에 표시해 가면서 사람을 챙긴다는 것은 무척 어려운 일이다. 하림 스님은 말 그대로 신도 맞춤 포교를 하고 계셨다.

사찰 법당이 열려 있다고 하지만 법당을 찾는 불자들의 마음을 스님이 다 헤아리고 살펴볼 수는 없다. 하지만 마음을 알아주는 일은 이곳을 찾는 사람들에게는 경전 말씀보다 더 필요할 때가 많다.

얼굴에 근심이 많아 보이는 신도님과 차 한 잔을 두고 이야기를 나누다 보면 마음에 힘든 것을 털어놓고 때로는 눈물 흘리면서 이야기를 내어놓는다. 그리고 답답했던 마음이 사라졌다며 감사하다는 말을 몇 번씩 하면서 돌아간다. 고등학생의 이야기를 들어 주고 공유하다 보면 그 친구는 스님과 친구가 된 듯 행복해한다. 바쁘다는 이유로 소임자들과 자주 못 나눴던 시간을 다시 가지니 새로운 마음으로 서로를 대하게 된다.

눈높이 교육을 불교적인 표현으로 바꾸면 듣는 사람의 근기根機에 맞추는 대기설법일 것이다. 사람에게 맞는 교육. 그 사람이 지금 필요한 것, 원하는 것이 무엇인지 느끼고 살펴보는 것이 말 그대로 맞춤 전법, 맞춤 포교가 아닐까 싶다.

요즘 사회를 흔히 소통의 부재라고 한다. 그것이 어디 사회 문제만일까. 사찰과 신도의 소통 부재 또한 존재한다. 일방적으로 전달하는 가르침보다는 그 사람의 현재를 살펴서 헤아려 줄 때 신도와 스님은 더 편하게 소통할 수 있다. 단, 서로가 마음을 열고 다가갈 때 말이다. 오늘 나도 누군가의 마음에 응답할 마음의 준비를 하면서 부처님 앞에 서 본다.

마음의 고개를 숙일 때

      누구나 아무리 노력해도 잘되지 않는 일들이 계속 벌어지는 시절이 있다. 잿빛 마음을 안고 걷다가 바라본 밤하늘에 우뚝 선 십자가가 그런 시기에 따뜻한 위로를 해 준 적이 있다. 우연찮게 발견한 십자가는 '괜찮아, 다 괜찮아.'라고 말해 주는 것 같았다.

  '세상이 다 내 편이야.' 하는 자만심을 마음 가득 담은 채 무엇 하나 무서울 것이 없었던 어느 날, 도심 한복판에서 들려오는 성당의 낮지만 장엄하게 울려 퍼지는 종소리는 잘난 것 하나 없이 잘났다고 하는 자만심 가득한 영혼들에게 잠시나마 고개를 숙이고 두 손을 모으게 하는 겸손을 주었다.

  기차 속에서 상념에 젖어 문득 바라본 창밖 어느 사찰 여법한 부처님의 모습은 다가오는 모든 일들이 고정되어 있지 않음을 말해 주듯이 그렇게 풍경 속으로 스쳐 지나갔다. 일순간 나도 모르게 두 손을 모아 눈을 감고 상념이 가득했던 마음을 쉴 수 있었다.

종교 성전이 삶의 끝자락에 선 사람들에게도, 삶의 희열에 젖어 있는 사람들에게도 한순간 마음의 고개를 숙이게 할 수 있는 곳이라면 얼마나 좋을까. 순간순간 위로와 평안을 줄 수 있는 성전이 곳곳에 있어서 자신도 모르게 죄 지으려는 순간, 증오심 가득했던 마음을 잠시 쉬게 해 줄 수 있다면 그 성전은 이미 온전히 역할을 다한 것이라고 생각한다.

삶이 가장 힘든 순간, 사람이 가장 교만해지려는 순간, 지혜가 필요한 순간, 진리의 말씀을 전해 주는 것 못지않게 교회와 성당, 사찰은 그 자리에서 그 본연의 역할로 사람들에게 힘과 에너지를 준다고 나는 믿는다.

수닷타 장자가 기원정사를 지어 희사하였기에 부처님께서는 그곳에서 중생들을 위해 진리를 펴실 수 있었고 중생들은 더욱 행복할 수 있었다. 지금 우리가 할 일은 그런 역할을 하는 아름다운 성전을 만들고 힘을 모아 청정하게 그곳을 지키는 일이다. 그 일은 지혜가 필요한 순간, 누구라도 멀리서 그 불빛을 보고 찾아올 수 있도록 묵묵히 한 자루의 초를 밝히는 것과 같다.

작은 것들이 모여

　　　　　　　　가끔 스님들과 차를 나누면서 이야기를 주고받을 때가 있다. 각자의 수행 방법을 놓고 대화하기도 하고, 신도들의 활동을 지도하면서 겪는 경험을 나누기도 한다. 자연스럽게 어떤 포교 방법이 이 시대에 맞고 효과적인지 의견을 교환하는 경우도 많다. 특히 전법 현장에서 활동하는 스님들의 경험은 서로에게 많은 도움이 된다.

　차담을 나누면서 포교를 주제로 이야기하다 보면 "이대로 해서는 부처님 법을 지켜 나갈 수가 없다."는 걱정의 목소리가 크다. 이와 함께 "새로운 방식의 포교 방법을 취해야 한다."며 "구체적이고 실질적인 방법을 모색하자."는 제안도 나온다. 그런 까닭에 스님들과 나누는 대화는 수행과 포교에 있어 훌륭한 나침반 역할을 한다. 법을 논하고 법을 어떻게 전할 것인지 자연스럽게 나누는 이야기는 현장 포교의 소임을 맡은 스님들에게 참 유익하다.

얼마 전 교구본사의 소임을 맡은 스님과 차담을 나눈 적이 있는데, 이런저런 이야기를 하다 '소참 법문'이란 주제가 나왔다. 소참 법문은 위의威儀를 갖춘 정식 법회는 아니고, 큰스님께서 제자들을 위해 그날의 마음가짐에 대해 간략하게 이야기하며 가르침을 주는 자리다.

일부러 자리를 마련하고 예법에 따라야 하는 법회가 아니기에 한결 편안한 마음으로 스님 말씀을 들을 수 있어 수행 정진에 큰 도움이 된다. 사실은 사찰마다 이런 소참 법문이 시시각각 행해지고 있다. 마치 부처님 당시 즉석에서 설법을 펼쳤던 야단법석처럼 말이다.

어디 소참 법문뿐이겠는가. 브랜드화되지 않은 좋은 전법의 형태들이 행해지고 있는데도 우리 사찰에서는 그런 것들을 아주 평범하고 일상적인 것으로 받아들여 그 가치를 제대로 부각하지 못하는 일이 많다.

불교를 걱정하는 눈으로 바라보는 이들은 사회적인 참여 부족에 대한 우려를 나타낸다. 또한 대중과 함께하지 못하는 불교를 걱정하는 소리를 들을 때가 많다. 사실 타 종교에서는 이미 오래전부터 사회 참여에 눈을 뜨고, 적극적이고 다양한 방식과 방법으로 여러 사회 활동을 하면서 종교 영역을 확장하고 있는 상황이다. 이에 비해 불교는 소극적이고 간헐적이라는 비판을 받는다. 나는 그분들의 지적이 불교에 대한 애정을 바탕으로 제기하는 것이라 생각한다.

나 또한 그런 우려의 목소리를 완전히 부정하지는 않는다. 하지만 드러나지 않는 작은 전법을 행하는 일들이 오히려 사람들에게 폭넓은 영향을 끼칠 수 있음을 외면해서는 안 된다고 본다. 차담이나 소참 법문처럼 일상에서 불법을 전할 수 있는 '절 집안'의 고유한 방식을 적극적으로 활용할 필요가 있다고 본다.

그래서 나는 불교의 사회 참여 부족에 대한 비판을 비관적으로만 생각하지 않는다. 그날 그 상황에서 어떤 사람을 대하더라도 부처님 가르침을 전하는 데 최선을 다하는 작은 노력들이 현대사회에 긍정적인 효과를 준다는 것을 믿고 있기 때문이다. 시냇물이 모여 강물이 되고, 그 강물은 바다로 흘러가듯이.

서로가 별이 되는 인연

불자들과 스님이 둘러앉아 경전을 함께 읽고 돌아가면서 독송한다. 그 순간 그곳은 기원정사가 되고 부처님이 설법하셨던 영축산이 된다. 눈으로 보는 것보다 소리 내어 읽으면 마음에 더 잘 들어오는 것 같다.

매월 경전 독송 모임이 있는 날이면 나는 그날 불자들과 읽을 경전을 한 번 더 읽고 확인하면서 함께한다는 소중함을 다시 생각한다. 경전은 곧 부처님 가르침이기에 다른 책을 읽을 때보다 정성을 더하게 된다. 출가자로서, 불자로서 당연할 수 있지만 '인연'이라는 점에서도 경전을 독송하는 일은 소중한 일임이 틀림없다.

경전 독송 모임은 독서 모임을 통해서 만난 인연들과 함께 시작했다. 독서 모임을 하다 보니, 참여한 분들이 각기 다른 종교와 성향을 가진 덕에 여러 종류의 책을 접할 수 있었다. 그러다 다들 불교도이거나 불교에 우호적인 분들이라 그런지 어느새 부처님 경전을 읽는 모임으로 바뀌어 갔다. 만법귀일萬法歸一. 진리는 결국 한곳에 도달한다는 점에서 어찌 보면 자연스러운 일이었다고 생각한다.

앞서 말했듯이 눈으로만 경전을 보기보다는 소리 내어 읽다 보면 마음에 와닿는 감동이 더 커진다. 나뿐만 아니라 책을 사랑하고 경전을 독송하는 분들은 아마 같은 마음일 것이다.

경전 독송 모임에서는 경전을 읽다가 의문이 생기는 부분이 있으면 멈추고 토론한다. 각자의 견해를 들으며 내 생각을 정리할 수 있어서 좋다. 부처님 가르침을 명쾌하게 이해할 수 있어 환희심이 날 때가 많다. 고개를 하나 넘은 홀가분한 마음으로 경전의 다음 부분을 읽어 나가며 또 이야기를 나누곤 한다. 경전의 바다를 도반들과 함께 항해하니 두려움도 적어지고 막막함도 이길 수 있다.

이 모임은 이제 부처님의 가르침을 옮겨 적는 사경寫經을 시작했다. 사경은 읽는 것 이상으로 진리에 더욱 가깝게 다가서도록 돕는 것 같다. 읽고 따라 하고 옮겨 적는 '단순한 작업'이 아니라, 마음을 정화하는 '효과적인 수행 프로그램'이기 때문이다.

사실 불교는 다양한 수행 콘텐츠를 갖고 있다. 하지만 요즘 사람들에게 다가가기에는 현대적인 현실성이 조금은 떨어지는 게 사실이다. 경전을 있는 그 자체로 전달하다 보니 말 그대로 '모셔 두는 경전'이 되는 것도 그 때문이다.

그래도 요즘 쉽게 읽을 수 있도록 작게 만들어진 경전을 보면 불자들뿐만이 아니라 일반인들에게도 불교가 낯설지 않게 다가갈 수 있지 않을까 하고 긍정적으로 생각한다.

범어사의 무비 스님께서 배포해 준 대만 성엄 법사의 『108자재어(108自在語)』를 매일 한 부분씩 카톡 단체 공간에서 나누고 그에 대한 설명을 공유하면 많은 분이 좋아한다. 그분들은 그 내용을 독송하고, 사경도 한다고 한다.

참 좋은 일이다. 일상이 부처님 말씀대로 만들어지는 세상을 꿈꾼다. 우리의 작은 수행, 작은 인연으로부터 말이다.

사소한 인연도 잘 가꾸면 아름다워진다. 서로가 서로를 비추어 별이 되는 인연, 고해의 인생길에서 길을 잃지 않도록 불을 밝혀 주는 고마운 인연들…. 당신에게도 분명 그런 인연이 있지 않을까.

수행 속의 행복

매년 두 번, 수행에 집중하는 동안거冬安居와 하안거夏安居를 한다. 재가 불자들도 이때 일상에서 수행하는 재가 안거를 시행한다. 내가 있는 대운사도 안거에 동참하는데, 이런 안거 수행은 출가한 스님들에게만 해당되는 것이 아니라 세상을 살아가면서 불법을 수행하려는 재가 불자들에게 좋은 수행으로 자리 잡고 있다.

가끔은 힘든 일이 생겨 법당을 찾아와 고민하는 분들이 있다. 나는 그들에게 기도를 권한다. 시간이 없다는 핑계를 대거나 기도를 하면 과연 원하는 것을 이룰 수 있는지 의구심이 들어서 시작조차 하지 않으려는 분들이 많다. 나 역시 '복이 있는 사람이 기도도 한다.'는 이상한 논리에 부치면서 제대로 할 수 있는 방법을 제시하지 못했던 것도 사실이다.

그런데 재가 안거는 방법이 쉬우면서도 불자들이 일상에서 꾸준히 수행해야만 하는 당위성을 부여하는 데 큰 효과를 거둔다. 수행을 하면 불자들의 인식도 변한다. 밥을 먹으면서 밥을 왜 먹어야 하는지 묻지 않듯, 수행을 왜 해야 하는지 의심하지 않고 당연시 여기게 된다. 불자 스스로 수행의 리듬을 만들어 가는 것이다.

재가 안거는 자신의 근기에 맞는 수행 방법을 스스로 선택하도록 권유한다. 주지스님들도 참선, 간경, 사경, 절을 올리는 수행 등 불자들 각자의 근기에 맞는 수행 방법을 알려 준다. 또한 재가 안거는 불자들의 수행이 개인적인 차원에서 끝나지 않도록 '세상과 함께하는 방법'을 제시하고 있다. 예를 들어 환경을 위해 쓰레기 줄이기, 자원 아껴 쓰기, 가족에게 따뜻한 말 하기, 이웃을 향해 자비를 베풀기 등 좀 더 포괄적이고 열린 마음으로 수행에 동참할 수 있도록 한다.

불자들의 반응도 매우 적극적이다. 많은 불자가 자부심을 가지고 재가 안거에 동참한다. 이번 동안거에는 참선을 했는데 다음 하안거에는 절 수행을 하고 싶다며 스님이 권유하기도 전에 자신의 역할을 찾는 분이 많이 늘었다.

재가 안거에 동참한 사찰의 스님과 불자들은 의식의 시작인 입재와 마무리인 회향 때 한 도량에 모여 법회를 봉행한다. 『금강경』을 함께 독송하고 백팔참회를 같이 한 후

법회에 모인 사부대중이 회장스님으로부터 안거에 대한 법문을 들으며 수행의 원력을 다시 다지는 귀한 시간이다. 또 여러 사찰의 주지스님들에게 수행하면서 일어나는 일들에 대한 새로운 설명을 듣기도 한다.

한 가지 더 좋은 점은 다른 사찰의 불자들과 기도와 수행을 공유하며 긍정적인 효과를 거둘 수 있다는 점이다. "나는 사경을 하면서 어떠한 어려움을 극복했고, 절 수행을 하면서 누구를 용서하게 되었다."는 수행 과정의 이야기를 여러 불자들과 함께 나눈다. 같이 울기도 하고 격려의 박수를 보내 주면서 '공유 수행'의 의미를 확인할 수 있다. 같은 길을 걸어가는 도반을 알게 됐으니 이 또한 청복이다.

이렇듯 우리 절, 다른 절 구분하지 않고 같은 불제자로서 서로 화합하고 협력하는 모습을 볼 때면 우리 불교가 살아 있다는 느낌이 든다.

어느 불자의 말이 생각난다.

"수행은 스님들만이 하시는 것이라고 생각했는데, 이젠 기도하고 공부하는 것이 일상이 되어 행복합니다."

수행 속의 행복을 찾는 것, 더 많은 수행자가 그 행복을 찾게 돕는 것이 우리의 몫이다.

원의 어느 자리에 서 있어도
그 사람이 원의 중심이 된다.

세상 그 어느 자리에 있어도
우리는 누구누구 할 것 없이
세상의 중심이 된다.

지금 현재 발 딛고 있는 그 자리가
그 사람에게 중심.

02 그대가 오늘의 중심입니다

삶의 시간

햇살이
깊은 날은
귀한 줄 모르다가
옅은 날은
이렇게
그리워합니다.
햇살이
따뜻할 때
귀함을
알아야 할 것 같습니다.
삶의 시간도 그렇겠지요.

그저   좋은

그저
좋은
하늘이 있고
나무가 있고
그리고
우리가
걸어가야 할
길이
있습니다.
이것이면
되지 않을까요.

덜 여문 과일

덜 여문 과일은
비바람에
버티는 힘이 약하다.
봄이라고
얇은 옷 입고 나오면
감기 한 번쯤
꼭 걸린다.
아직 덜 쌓아서
이루지 못한
일들 앞에서도
너무 조급해하지 말고
숨 한번 쉬어야 하지 않을까 싶다.

세 단어

오늘을 세 단어로 표현한다면
어떤 단어를 쓰실 건가요?
아침을 시작하는 시점에
나는 먼저 이 단어를 보냅니다.
Today
Now
Step by step.
오늘을 살아 낸 후
어떤 단어가 떠오를지는
그때 다시 적어야겠습니다.
저녁 시간 다시 한번
우리의 하루를
돌아봤을 때
떠오르는 단어,
궁금하시죠?

존중

타인의 세계를 존중할수록
내 세계도 깊어집니다.

있는 그대로

햇살 좋은 날
굳이 삶을 분해하지 말고
있는 그대로 행복하기
있는 그대로 바라보기.

지켜봐 주는 것

선물 같은 하루 시작합니다.
말을 잘 듣지 않는 아이
말 잘 듣게 하는 방법은
기다려 주는 것이라고 하더군요.
물론 따뜻한 눈빛으로
지켜봐 주라는 것이겠죠.
어른아이도 그렇지 않을까 싶은데….
사람을 잘 지켜봐 주는 것도
공부이지 않을까 싶습니다.

조금씩 조금씩

모든 것은 조금씩 조금씩.
좋은 날도 나쁜 날도
하루아침에 오지 않는다.

강함을 부드럽게

반 고흐와
바흐가 사랑한 커피는
신맛이 강한 커피.

그 신맛을 줄여 주는 것은
아주 천천히, 스며들 듯이
조금 더 천천히 내리는 것이랍니다.

강함을 부드럽게
날카로움을 잊게 만들죠.

우리들 각각이 지닌
뾰족하고 강한 것이
어떤 따뜻함을 만나면
부드러워질 수 있을까요?

시간을 견뎌 낸 것

시간을
잘 견뎌 낸 것에는
아름다움이 담겨 있습니다.
사람도
물건도.

소리로 듣기

"보는 것을 줄이고
듣는 것에 마음을 둬야 할 것 같아요."

젊을 때는 어쩌면
보면서 느끼는 것이
더 많았을지도 모릅니다.
보게 되면 자연히
어긋난 것
모자란 것
부족한 것이
눈에 들어오죠.
그래서 자꾸만 재단하려 했고
우리 눈의 틀에 맞추려 했지요.
책을 들여다보다
눈을 감아 봅니다.
소리를 듣습니다.
보면서 볼 수 없었던 것들을
소리로 듣습니다.

돌아보고 살펴보고

"장점을 보고 반했으면
단점을 보고 돌아서지 말라."

어느 곳에 올려진 이 글귀가
참 와닿는 아침입니다.
우리 살다가 그럴 때 있지 않나요.
돌아보고 살펴보고
내 눈길에 누군가 상처 입은 마음은 없었나
생각하게 되는 아침입니다.

귀   기울이며

한동안 모든 기계의
소리음을 없애 버렸습니다.
휴대폰도 아무런 소리가
들리지 않도록 줄여 놨지요.

생각해 봅니다.
때론 침묵도 얼마나
큰 실례가 되는지 말입니다.

소리음을 모두 풀고
볼륨도 키웠습니다.
바로 난리가 났지요.
나 살아 있다고.

사람도 사물도
제각각이 가진 소리를
소리 내고 싶어합니다.

그럴 때는 슬며시
귀 기울여 보는 것도
나쁘지 않을 것입니다.

다만
서로
크게 힘들지 않도록
말입니다.

우리 사이의   푸른 강

불교의 최고 경전인
『화엄경』에 나오는 선재동자는
각계각층의 다양한 인사들을 만난다.
그 만남 속에서 의식과 무의식의 세계에
눈을 뜨는 경지를 얻는 선재동자.

만나게 되는 많은 사람 사이에 흐르는
푸른 강물.
오늘도 그 강물에 배를 띄운 우리.

가만히 토닥여 본다.
토닥토닥.

오늘의 발끝을   내려다본다

문득 걸어온 발자취가
그리워질 때도
지워 버리고 싶을 때도 있다.

그때 그 상황을 만나지 않았더라면
그때 그 사람을 만나지 않았더라면

하지만
그때 그 상황이, 그때 그 사람이
지금의 나를 있게 해 준 것일 수도 있겠지.

오늘의 발끝을 내려다본다.

물고기처럼

마음에 담아 두지 마라.
흐르는 것은 흘러가게 놓아두거라.
바람도 담아 두면 생각을 흔들 때가 있고
햇살도 담아 두면
심장을 새까맣게 태울 때가 있다.
아무리 영롱한 이슬도
마음에 담으면 눈물이 되고
아무리 예쁜 사랑도 깊어지면
상처가 되니
물고기처럼 헤엄쳐 가게
놓아두거라.

적당한   거리

제가 좋아하는
풍경이 한 곳 있습니다.
그곳은 적당한 거리에서
바라볼 때
더 아름답습니다.
계속 본다고
더 아름다운 것도 아닙니다.
적당하게
거리를 두면서
아껴서 보기도 하고
못 볼 때는 마음에
눈빛에 담아 두려 합니다.
손에 쥐고 있다고
가진 것이 아니라
놓아 버렸을 때
진정 행복해짐을
원초原初에
마음으로 느껴 봅니다.

때가 있다

때를 알고 나아가기
쉽지 않습니다.
그때인가 하다가도
여물지 않았을 때가 있고
그때를 훨씬 넘길 때도 많아요.
꽃은 때가 되어 저녁이면
다물었다가
아침 되면
다시 열리더군요.
꽃도 아는 진리를
정작 사람이 모를 때
많습니다.
때를 잘 맞추고 계신가요.

고요한　핑계

양철 지붕으로
후드득 비 떨어지는 소리에
발걸음을 멈추고
'비가 오니까'라며
핑계 삼아 찻잔 앞에 앉아 본다.

핑계 삼아
눈도 감고
침잠해 본다.

천천히
하루 보내기를.

기회

누구에게나 다양한 모습으로
기회는 마치 파도처럼 다가온다.

알지 못해서 놓쳐 버리기도 하고
준비가 되지 않아 떠나보내야 하고
업에 가려져 부정하기도 한다.

기회의 파도는 찰나 찰나
밀려오고 또 밀려간다.

다만 그 파도가 기회가 아니라
미혹이라면
잘 떠나보내야 한다.

세상 모든 이들에게
존재를 더욱 빛나게 할 아름다운 기회가
찾아오기를
이 저녁, 두 손 모아 기도합니다.

감사한 저녁

'때가 되면
지나갈 것은
지나가고
또다시 다가올 것은
다가온다.'

어디서 만난
이 글귀가
새삼
감사한 저녁입니다.

아플까 봐

아플까 봐
차마 가져오지 못하다가
염치불고廉恥不顧하고
나에게로 데려왔다.
그 향기
그 자태를.
봄이었다.

그리움

가을
그리고 햇볕
그리고
따뜻한.
그리고
능선을
따라가는 그리움.

그대 떠나려거든

그대 떠나려거든
조금 후가 아니라
지금 떠나라.
지금 얼어붙은
마음이 녹지 않아
떠나는 그대
돌아보지 않도록.

한 번쯤 살아 보고 싶은 곳

누구에게나
한 번쯤 살아 보고 싶은 곳이
있을 것이다.
내게는 통영이 그런 곳이었다.
해 질 녘
선창가를 어슬렁거리면서
바라보던
고깃배 그림자들.
나그네의
고됨을 잊게 해 주던
뜨끈한 국물 한 그릇에
낯선 동네는
외롭지 않은 곳이었다.
그 뜨끈한 국물 한 그릇
앞에 두고
미움이니 원망이니 하는 것은
짧은 삶의 시간에
못난 사치인 것 같았다.

아름다운 입으로

입으로는
여러 가지를 할 수 있다.
타인을 비난하는 말도
타인을 칭찬하는 말도 할 수 있고
아름다운 노래도 부를 수 있다.
어떤 종교를 가지고 있든
그 종교의 기도와 수행으로 세상을
사람을 바라볼 수 있는
통찰의 눈이 생기면
비난과 칭찬에 쉽게 입을 열지 않는다.
아름다운 입으로
아름다움을 노래하는 날들이
우리에게 주어지기를….

짐작할 뿐

보이는 것이
전부는 아니다.
들리는 것도
전부는 아니다.
그 길을
그 사람 마음이 되어
걸어 본 것이 아니라면
아무도 이해할 수 없는 것이다.
그저 말없이 짐작해 볼 뿐이다.

아름다운 균형

Unbalanced.
한 번쯤
균형을 깨뜨린 일상을
꿈꿀 때가 있다.
오늘
우리의 하루가
그리하여서
새롭게 맞이하는
또 다른 날이
아름답게
균형 잡히기를.

버리는 일

꽃 한 송이
화병에 꽂는데
잘라 내야 하는
줄기 부분이 더 많다.
아름답기 위해서는
버려야 하는 부분이
더 많다.
아주 많다.

오늘의 중심

원의 어느 자리에 서 있어도
그 사람이
원의 중심이 된다.
세상 그 어느 자리에 있어도
우리는 누구누구 할 것 없이
세상의 중심이 된다.
지금 현재 발 딛고 있는
그 자리가 그 사람에게 중심.

그대가 오늘의 중심입니다.

가장　　큰 일

굳이
무엇을 하려고 하지 말라.
그저
눈 뜨고 하늘을 바라보고
바람을 느끼고
숨 쉬는 오늘이
가장
큰 일을
하고 있는 것이다.

가장 예쁜 오늘

"우리 인생의 가장 아름다운 날은 언제인가?
바로 오늘이다.
우리 인생의 가장 멋진 날은 언제인가?
바로 지금 이 순간이다."

임제 선사의 말씀을 되뇌어 보면
현재
지금
이 순간이
가장 행복하고
지금의 내가
가장 예쁠 때가 아닐까.

인생에서 가장 예쁜 오늘.
그 시간을 놓치지 말고
오늘
가치 있게
보내야 할 것 같다.

미워하거나 상처 주지 말고
깊은 미소로.

뒷모습

우리는
사람의 얼굴을 보면서
그 사람의 상황이나
걸어온 길을
유추해 보기도 한다.
그런데 살아가면서
사람의 내면이
뒷모습에서 드러날 때가 있다.
웃음과 환한 얼굴에서는
감출 수 있었던
내면의 아픔이
뒤돌아선 사람의 등에서는
고스란히 드러나니 말이다.

고독   사용 설명서

고독 사용 설명서

1. 먹는 것을 절제하고 배 속을 비운다.
2. 말을 멈추고 귀도 잠깐 닫는다.
3. 가장 단순한 방에 고요히 앉는다.
4. 자신의 마음 가장 밑바닥까지 내려가 들여다본다.
5. 고독과 하나 되어 철저하게 홀로 되어 본다.
6. 바람 부는 소리, 해 지는 소리, 밤이 오는 소리, 자연의 소리가 명료하게 들려올 때 자신이 가진 고독을 잘 사용하고 있는 것이다.

내면의 나와 만나 내면의 소리를 들을 수 있을 때 고독 사용 설명서를 잘 이해하는 것이다.

욕망이라는 무게

그럴 때 많더군요.
굳이 필요하지 않은데 소유하고 싶은
욕망이라는 무게.
때로는 가방 속 책 한 권도
우주 무게만큼 느껴질 때가 있습니다.
가질 만한 복덕을 짓고 있는지
누리는 복덕에 모자라지 않는지
들여다볼 일입니다.
매 순간순간.

산을   내려가듯

산을 오릅니다.
내려갈 준비를 하고
그저 오릅니다.
사는 것도
산을 오르는 것처럼
그러하지요.
올라온 산을 다시 내려가듯
그렇게
내려가야 하는 것입니다.

가장 젊은 날

어쩌다 보니
이만큼 걸어와 서 있습니다.

이만큼은
스물이기도 하고
서른이기도 하고
마흔이기도 하고
쉰이기도 하고
예순이기도 하고
일흔이기도 합니다.

언젠가 가겠지
푸르른 이
청춘이란 말처럼
그렇게 갈 청춘이지만
오늘이 그 청춘 가운데
가장 젊은 날인 것이겠지요.

소중한 마음으로
다음으로 잘 건너가기를
바랍니다.

균형

법당 들어가 잠시 한눈팝니다.
산 너머로 떠오른 손톱달이 차암 고와서
사진 찍다가 깨닫습니다.
법당 뒤 탑과 하늘을
달과 소나무 사이 하늘과 기와 끝자락을
렌즈에 다 담고 싶은데
다 담기지 않더군요.
하나를 포기해야 균형이 맞습니다.
살면서 다 담으려고 하기에
괴로운 것이겠지요.
툭, 내려놓으면 되는데 말입니다.
렌즈 속에 탑까지 담으려는 마음 버리니
소나무 사이로 하늘이 밝습니다.

적당할 때

딱 이만큼이다, 라고
여기는 상황과
사람이 있다.
조금 더 기회를 주고 싶고
조금 더 좋아지기를 바라는 마음에
아플 때도 있지만
그때가 멈춰야 하는 때라는 것을
우리 자신이
가장 잘 알고 있는 것이다.
적당할 때, 그때가
가장 좋은 것.
중도中道이다.

향기

어릴 적
동네 친구 한 명 만드는 일도
오래 걸렸다.
행자 시절
은사스님이
선물 받으신 난 화분에서
꽃이 피기를
기다리는 시간은
우주를 한 바퀴 돌아오는 시간이었다.
이제는
조금씩 알고 있다.
사람이
사람으로
살아갈 수 있는 시간은
내가 살았던
그 시간보다
더 많이 필요함을.
그래서 오랜 시간을

자신을 숙성하는 데 쓴 사람에게서는
향기가 난다.
사람을 슬프고도
감동하게 하는
향기가 난다.

세상

내가 아는 세상,
내가 모르는 세상.
우리가 다 알고 있는 세상,
우리가 하나도 모르는 세상.
좁기도,
넓기도 합니다.

그림자

길을 걷다
문득 뒤를 돌아보았다.
누군가 등 뒤에 있다는 생각에.
보인 것은
나의 그림자였다.
순간
나 혼자 길을 걷고 있는 것이
아니었다는
왠지 모를 든든함과
잘 살아야겠다는
생각이 함께 밀려왔다.
나의 그림자는
그렇게 나의 뒤를 지켜보며
항상 함께하고 있는 것이었다.

돌

매화 옆의 돌은
오래되어야 하고
대나무 옆의 돌은
메말라야 하고
화분 속의 돌은
교묘해야 하고
강가의 돌은
둥글어야 하고
난초 옆의 돌은
졸박拙朴해야 한다.
나는 오늘
무엇 옆의 돌로
남을 것인가.

가을

인생이란 기차는
각자의 승차 시간과
하차 시간이 다를 뿐
한번 승차하면
각자의 스케줄대로
달리게 된다.
비 오는 풍경
눈보라 치는 풍경
햇살 가득한 풍경.
자신의 프레임대로
그렇게 보고 느끼고
판단하고 만들어 간다.
우리, 어느 역을 지나고 있는가
이 가을.

힘을　빼면

힘이 들어간 눈에
힘을 빼니
뚜렷하게 보이던 편견이 사라졌다.

힘이 들어간 어깨에
힘을 빼니
매일같이 나를 누르던
타인의 기대와 관심에서
가벼워질 수 있었다.

채워 넣기에 급급했던 삶이
비워내는 삶으로 바뀌니
발걸음부터 가벼워졌다.

작은 여유와 쉼이 내 삶을 바꿔 주었다.

푸른빛

받는 것에만 익숙한 삶은
상대에게 베푸는 것에는
익숙하지 못한 경우가 많다.
그래서 물 한 잔 나눌 마음도
못 내는 것이다.
항상 나만 손해 본다는 생각에
자신을 옭아매는 어리석음은 없었는지
성찰해 보게 된다.
낮에 그토록 치열했던 삶이
밤에는 낮의 푸르름이
얼마나 되는지
챙겨 본다.
내 마음, 그대 마음에 말이다.
청아한 푸른빛 말이다.

홀로   고요히

세상이라는 수행터에서 살아가며
생겨나는 문제를 해결하는 방법은
여러 가지가 있을 것이다.

술을 마시고
친구와 푸념을 나누고
마음의 골방에 들어가
자신을 괴롭히기도 하고
빈 웃음을 날리기도 하고
의미 없는 대화로 자신을 위로한다는
변명을 붙이기도 할 것이다.
기도를 하고
마음을 들여다보고
뒤돌아보고
참회도 할 것이다.

그래도
되지 않을 때는

그래도 간절히 기도하고
기도하는 것이다.

홀로 고요히.

밤하늘

열심히 하루를 살다
서녘 하늘을 봅니다.
오늘은 그만했으면 됐다,
다독이는 듯 맑고 깨끗합니다.
밤하늘 한번 바라보세요.
얼마 만에 바라보는지.
다 지나가는 것이랍니다.
최선을 다한 뒤에는
아무 미련도 없는
오늘 저녁일 것입니다.

삶의 파도

삶의 파도가 거센 날이 많습니다.
우리는 알고 있고 믿고 있습니다.
파도 거센 그날이
삶이 더욱 깊어지는 날임을 말입니다.

저녁 시간

언젠가 회원분께서 저에게
밴드 대문 글이

여름.. 그리고, 저녁
봄.. 그리고, 저녁
가을.. 그리고, 저녁
겨울.. 저녁

이렇듯 저녁은 그대로인 채
계절은 바뀌는데
무슨 의미인지 상당히 궁금하다는
메시지를 보내셨어요.
그러고 보니
그걸 물어보시는 분이 처음이라
그렇게 쓰고 있지만
왜 그랬을까,
생각해 보았지요.

아마도 그것은
제게
저녁 시간이 굉장히
소중해서일 것 같습니다.
출가해서 지금까지
조금은 바쁜 여정 속에서
저녁 시간이 주는 느낌이
참 좋고
저녁은
나를 오롯이
들여다볼 수 있는
참 편한 시간이에요.

계절마다
저녁의 느낌은 다릅니다.
봄날 저녁 벚꽃 흐드러지게
피어 있는 길을 걸을 때,
그 느낌 아시죠?

여름 저녁은 어떤가요?
시원한 바람 한 자락 불어오는 저녁이면
벌써 설렙니다.
가을은 두 말이 필요가 없지요.

지금
겨울 중간쯤의 밤입니다.
겨울인 듯 겨울 아닌 듯
겨울이 지나갈 날도
얼마 남지 않은 듯해요.
겨울 저녁은
왠지 따뜻한 곳으로
들어가야 할 것 같은 느낌이 있어
좋고 행복합니다.

이리 다 좋은 계절 속에
살고 있으니
참 행복한 일 아닐까 싶습니다.

겨울,

마음도 몸도

아프지 마시고

잘 보냈으면 합니다.

그 말은　　내게 돌아온다

감정 경영을 잘하지 못해서
자신에게도
타인에게도
상처를 주는 일이 많다.

분노에 찬 말들과
상대를 학대하는 말.
그 또한 모두 자신을
학대하는 말임에도
마음을 통해서
입 밖으로 나가도
깨닫지 못할 때가 아주 많다.

어둠이 내린 시간
조용히 눈을 감고
반조해 본다.

입… 꾸욱!

오늘의 화두

처염상정處染常淨
더러운 곳에 살아도
그 더러움에 물들지 않기.
오늘의 화두입니다.

허술한 우리 마음에 틈이 있다면
세상의 소나기 맞지 않도록 단속 잘해야겠어요.

마음의 감기 중 하나가
그리움이기도 하지요.

보고픈 마음 호수만 하니
대상 없는 그리움은 우주를 채웁니다.

03

에필로그 ·· 나를 가만히 다독거립니다

가까이 있으면 볼 수 없습니다.
멀리 있어도 볼 수 없습니다.
적당한 거리에 있을 때 가장 잘 보입니다.

불가근불가원不可近不可遠.

너무 멀지도 않고
너무 가깝지도 않은 적당한 거리.

오늘도
그 거리 딱 맞게 유지하면서
인생의 어느 길에서
서로의 거리도 잘 유지했으면 합니다.

삶의 모든 순간
좌절하지 않은 시간은 없었던 것 같습니다.
좌절하면서도 또다시 일어날 수 있었던 것은
무릎을 꿇었을 때 만난 존재들 때문이었지요.
내가 가장 아래에 처했을 때
만난 존재들이 나에겐
다시 일어서게 해 주는 지팡이와 같았어요.

비 내리는 아침입니다.
기침 몇 번 하더니 감기 기운이 느껴집니다.
모든 것이 그렇지만 감기가 올 때는
'내 관리를 잘못했구나.'라는
스스로에 대한 미안함이 들곤 합니다.
허술하게 올린 지붕에 비가 새듯이
몸의 살림살이를 잘못해도
마음의 살림살이를 잘못해도
그 틈새를 통해 문제가 생기니 말입니다.
허술한 우리 마음에 틈이 있다면
세상의 소나기 맞지 않도록
단속 잘해야겠어요.
마음의 감기 중 하나가
그리움이기도 하지요.
때로는 대상 없는 그리움에
목이 멜 때도 있어요.
보고픈 마음 호수만 하니
대상 없는 그리움은 우주를 채웁니다.

가끔

삶의 큰 짐처럼

자신의 인생을 이야기하려는 분이 오시면

차 한 잔 천천히 우려 내어놓습니다.

"차 한 잔 드시지요."

그러고 나면

자신의 고통을 잊고 돌아갈 때가 많습니다.

조주 선사께서

진리를 물으러 오는 납자衲子들에게 하셨던

'끽다거喫茶去, 차 한 잔 하고 가시게.'

말씀의 의미가

그럴 때마다 생각나곤 합니다.

"고정되어 있지 않다. 모든 것은 순간 지나간다."

이른 아침, 차 한 잔 하시죠.

🌿

따뜻한 햇살이 내리는 창가에 앉아
공양을 하고
차를 마시고
생각에 잠기고.

살아 있는 것이 다 괜찮다.

🌿

아름다운 것은 지극히 짧습니다.
강물에 비친 석양의 뒷모습도,
이젠 가야 할 때라고
살포시 고개 떨군
화려했던 꽃잎의 군상들도,
아닌 것을 알기에
살포시 아픈 웃음 짓던
저 마음도,
내 마음도.

"언제쯤 이루어질까요?"
이런 질문 받을 때가 있습니다.
그 무한한 질문에
나는 아주 무모하게 답하곤 하지요.
"찬바람 불면 이루어질 것 같아요."
우문우답일 수도 있고
현문현답일 수도 있겠다 싶습니다.
아침 바람이 제법 차가워진 것을 느끼니
이루어질 때 되지 않았을까요?
험난한 시간 속에서도
우리가 가진 마음의 원력과 신념들이
선선한 바람 불어오는
이 청아한 가을날에는

꼭 이루어지기를.

우리는 인연이라는 바다에 살고 있습니다.
아침에 눈을 떠서 만나게 되는 숱한 일들
그리고 인연들.
모두가 지어 놓은 대로 만나게 되고
또한 현재 짓는 대로
앞으로의 인연도 만들게 되는 것이지요.
붓다께서 중생들을 위해 세상에 출현하신 일을
'일대사인연一大事因緣'이라 했습니다.
우리가 사람을 만나고 일을 만드는 행위가
거룩한 일대사인연에 아직 미치지는 못하지만
오늘 만나는 수많은 인연과 일들에
정성을 다해야 하는 것은 분명한 일입니다.
과거와 현재 그리고 미래는
긴밀하게 연결되어 있기 때문입니다.
여러분들이 만드는 오늘 하루는 내일과 연결됩니다.

내 주위 사람들의 표정이
나의 마음 상태를
표현해 줄 때가 있더군요.
비 내리는 저녁
마주하는 사람들의 표정에 비친
우리의 마음이
막막하고
먹먹하고
묵묵하게.

비어서 좋을 때가 많은데
의자는 누군가 앉아 주었을 때
빛도 날 것입니다.
살아가다 힘들 때는
이런 의자 같은 존재에게
기대고 싶을 것이고
또 그런 의자가 되어 주기도 할 것입니다.
오늘 우리는 편한 의자가 되어 주었던가요.

선입견을 품은 상태로
사람을 대하다 보면
상대가 아무리 좋은 생각과
행위를 하더라도
그 선입견에서 쉽게 벗어날 수 없습니다.
그래서 그로 인한 카르마Karma가 형성되고
형성된 카르마는
또 다른 카르마를 형성하고
악순환 윤회의 법칙에서 벗어나지 못한 삶을
한바탕 연극처럼 펼쳐 나갈 뿐.
좋은 마음은 좋은 인연을 만들어 줍니다.

아버지는 조금은 식어 버린 군고구마가 든
누런 봉투를 호마이카상에 던지듯이 두고는
일찍 잠들지 않은 아이들을
슬쩍 야단치고는 들어가셨습니다.
다음 날 알았습니다.
누런 빈 봉투를 들여다보며
세상 그 어떤 미소보다
환한 미소를 짓는 아버지를 보며
늦게 잔다고 슬쩍 야단치던
아버지의 화는 거짓이었음을.
가끔 누런 봉투를 보면
아버지가 던지듯 놓으신
호마이카상 위의
식은 군고구마가 생각납니다.
가슴속 깊이 뜨뜻함으로 말입니다.

균형감각을 갖추고 있을 때
어른으로서 자격이 주어지는 것입니다.
살아가면서
균형이 필요하지 않은 곳이 없지요.
가장 중요한
생각의 균형이 잡혀 갈 때
그를 둘러싼 주위가 평화로워집니다.
몸만 커 버린 어린아이가 아닌
마음과 몸이 함께 자란 어른 되기입니다.

묘하게도 가지 못하게 될 때
더 가고 싶은 곳이 있습니다.
만나지 못하게 되면
왠지 더 만나고 싶은 사람도.
어느 시인은 그것이
'인생'이고 '그리움'이라고 말합니다.
또 누군가는 '오기'라고 말할 것이고
누군가는 '습관'이라고 할 것이고
나는 시인 따라 '인생'이라고
말하고 싶습니다.
인생의 여정에서 넘어야 할 산도
건너야 할 강도 아주 많습니다.
산 넘어 무엇인가를 찾고
강 건너면 무언가
나를 기다리는 것이 있는 듯
느껴지는 것을 보면,
인생은 '그리움'인 것 같기도 합니다.

"오늘을 잘 살아 내는 사람만이
기도할 자격이 있다."

오늘 새벽 눈을 뜨는 순간에
이 말이 나왔습니다.
우리에게 주어지는 모든 것은
각자에게 주어진 몫을 충분히 해낼 때
당당히 받을 자격도
주어지지 않을까 생각합니다.

비 오는 오늘이지만
보이지 않는 발자국 하나
내 삶의 시간에
남겨 봅니다.

가치 있게 사는 길을 많이 생각했습니다.
때로는 그 생각이
이상과 현실의 괴리감이 되어
전혀 실현하지 못하는 박물관 속의 가치로
남아 있기도 했지만 말입니다.
여전히 지금도
가치를 추구하며 살고 있습니다.
때로는 그 가치가
십 원짜리보다 못한 가치로 치부되기도 하고
때로는 세상의 물질로 환산할 수 없는
가치가 되기도 합니다.
그럼에도 불구하고 여전히
가치에 가치를 만들면서 살 것입니다.
우주 법계 속에서
한 송이 꽃 피운다 생각하면
하나도 상할 마음 없는 것입니다.

아주 오래전

진리가 무엇인지도 모를 때

(지금도 전혀 모르긴 합니다.)

매사 빠르고 싶었던 제자에게

스승께서는 이렇게 말씀하셨어요.

"달리는 기차에서는 뛰지 말아라.

달리는 기차에서 뛴다 한들 빨리 내릴 수 없단다."

'무슨 말씀일까?'

지금도 잘은 모릅니다.

다만,

현재에 살려고 할 뿐입니다.

현재에서 최선을 다할 뿐이죠.

그 나머지는 제 몫이 아니더군요.

시간이 지날수록

스승님의 말씀이 마음을 울립니다.

담담한 아침입니다.

여름에 햇볕이 쨍쨍 내리는 날
사람들이 많이 모이는 곳은
그늘이 넓은 큰 나무 밑입니다.
나무가 클수록 그늘은 커지고
사람도 많이 모이겠지요.
어느 한 사람을 홀대하지 않고
골고루 마음을 써 주는 그런 사람.
그 사람 주변엔 늘 사람들이 많습니다.
그런 나무 그늘 같은 하루
되지 못한 나를 돌아보면서
늦은 봄날 저녁을 보내고 있습니다.

"원하는 것을 얻지 못하는 것이
때로는 행운이라는 것을 기억하라."

세계적인 영적 스승
달라이라마 존자님의 말씀을 새기며
우리가 그토록 원하던 것을
얻지 못하는 때가
오히려 행복이고 행운이라는 것에
동감합니다.
지금, 그런 실의에 빠진 순간이라면
나를 가만히 다독거려
안아 보고 싶습니다.

내 오른손은 크고 옹이가 박이고
인생의 질곡(?)이 느껴진다.
그에 비해 왼손은 가지런하고
연필로 스케치나 할 듯한
'뉴욕 스타일'의 손이다.
(내게 뉴욕은 시골의 반대, 덜 고생한 사람들의 은유적 표현이다.)
그런데 사람들 앞에 서면 자꾸 왼손을 모아
오른손을 덮는 행동을 하게 된다.
열심히 살아온 오른손이 자존심 상하게···.
오른손을 다소곳이 덮고 있는 왼손은
이리 생각할 것 같다.
'부르주아 손이라 미안하다.'고.
나는 오른손, 왼손에게 씻지 못할 죄를 짓게 하고 있었다.
한 시인의 손에 대한 단상을 읽으면서
나도 진솔하게 이생 처음
내 오른손과 왼손의 괴리감을 적게 되었다.
앞으로 이 글을 보신 분들이
나의 오른손과 왼손을 비교하며 꼭 보아 주실 것 같다.

오늘이 입추라지요.
내 그럴 줄 알았습니다.
마음에 벌써
가을이 묻어나고 있었거든요.
내 품을 파고드는 가을.
아, 가을
가을이랍니다.

책과 사람은
평가하는 것이 아닌
음미하는 것.
특히 사람은
지켜보는 것
기다려 주는 것.

태풍 몇 개 보내고
맑은 하늘 보이는 날입니다.
자연의 위력 앞에
보이지 않는 바이러스 앞에
인간의 무력함을 느끼는 요즘이지만
그래도 우리는
지구라는 공간과 시간이라는 선물과 함께
몸도 마음도 가지고 있어요.
그 속에 주인은 우리가 아닐까 합니다.
희망으로
절망으로
지옥으로
극락과 천당으로
그 어떤 것이든 결정할 수 있는 마음을
우린 가지고 있으니.

오늘 우리는
그 무엇을 결정하고 행동하는 것만
남아 있는 것이 아닐까 해요.
마음먹는 대로 되는 세상.

우리 사는 세상
곧 더 좋아질 거예요.
사바하.
이루어져라.
이 진언처럼
세상 존재들의 서원이 이루어지기를.
사바하.

가을 속에 여름이
아쉬운 듯 어깨를 토닥여 준 날이었습니다.
떠나야 할 사람이
가야 하면서도 아쉬움에
말없이 어깨 한 번 토닥이면서 떠나듯.
아마도 며칠 후면 가을바람에
낙엽 향이 담겨 있을 것 같습니다.
낮은 곳으로 내려앉을 나뭇잎을 기다리는
가을 저녁입니다.

고전을 읽으며
순간순간 마음의 답을 찾을 때가 있습니다.
세상에 지친 다산 정약용 선생의
마지막 화두는 '마음'이라는 생각을
『다산집』을 읽으며 해 보게 됩니다.
자신을 위한 마지막 공부였던 '마음'.

"잃어버린 마음을 찾았을 때 나는 나다워진다."

그렇습니다.
외로움과 고독의 해소 방법을
외부 경계가 아닌 오로지 우리 마음속에서
찾아야 한다는 다산 선생의 말씀.
쓸쓸하나 쓸쓸하지 않은
내 마음을 들여다보는 일.
나를 바로 보아야 외롭지 않습니다.

마음 끓이지 말고
냄비에 따뜻한 찌개
끓여 먹는 하루 되어야죠.

꽃 피어 있는 집으로 돌아가고 싶습니다.
언제쯤
마음의 집으로 돌아갈 수 있을까요.
가는 길은 멀기도 하고 지난至難합니다.
그래도 가야겠지요.
오늘도 모두 애쓰셨어요.

영원한 것이라고,
모든 것이 영원한 것이라고
믿었던 적이 있습니다.
그렇게 믿었던 시간에는
변할 수 없다는 것이 무게였을 테고
모든 것은 변한다는 사실을 알게 된
인생 그 어느 시간에서는
변한다는 것이 큰 무게였을 것입니다.
이제 변하고 변하지 않는다는 사실이
중요하지 않은
인생 그 어느 시간의 위에
시간은 흘러가는 것이 아니라
보이지 않는 흔적으로 쌓여 감을
느낄 뿐입니다.

오래전 적어 둔
아무것도 아닌 자작시 한 편에
씨익 웃어 봅니다.
아무것도 아닌 사람이 되어서
아무것도 아닌 시간 속에서
잠시 살고 있지만 말입니다.
아무것도 아닌
다 지나가는 일일 뿐입니다.
그러니
아무것도 아닌 것처럼 살다 가야지요.

아름다운 것은 참 어렵습니다.
요즘에 화두 아닌 화두가
'멋지게 살다 가기'입니다.
아름답게 살다 갔으면 하는 바람입니다.
순간순간 아름답지 못한 일들이
나를 유치하게 만들고
속 좁은 마음이 일렁거리면
속으로 또 되뇝니다.
'좀 멋있어 보자고요. 이 못난 사람아!'
그 멋짐이 밖으로 드러난 멋짐은
아닐 것입니다.
외부 경계가
나를 좀생이로 만들기로 작정했어도
욕심을 좀 부린다면
의연하고 싶은 마음입니다.
그래서 살아 있는 것이 부끄럽지 않고
내일 아침에 햇볕을 만나지 못한다 하더라도
오늘 감사한 마음으로 떠나고 싶습니다.
그렇게 못하기 전에.

어두운 곳에서 책을 펼쳐 들다 다시 놓았습니다.
이젠 돋보기가 없으면 펼쳐 든 책 속의 글이
온통 까만색과 흰색뿐입니다.

어릴 적 할머니의 콧등에 올려진 돋보기가
왠지 좋아 보여 써 보다가
하늘이 빙빙 돌았던 기억이 불현듯 나고
속가 모친의 반짝이던 안경도 생각나고
안경 너머로 하늘을 자주 보시던 선친도 생각나고
은사스님의 뿔테 돋보기도
오늘은 왠지 그리움으로
가득 다가오는 날입니다.

1년 365일 사랑으로 충만한 마음으로
이름으로 기억되는 분들이지만
어떤 시인의 말처럼
풍경으로 그분들이 기억될 때처럼
행복한 적은 없는 것 같습니다.

살다가 보면 그럴 때 많습니다.
말하지 않을 때 말을 해서
말해야 할 때 하지 않아서
힘들 때가 있습니다.
그 간단함을 정확하게 안다면
사는 일이
그리 곤혹스럽지는 않겠지만
그 또한 살아가는 사람들의
아름다운 모습 중
한 부분임을 알고 있기에
상처 되는 일들도
사랑하지 않을 수 없습니다.
살다가 보면.

내 입장에 서서 상대를 보는 일은 쉽지만
상대의 입장에 서서 나를 보고
또 다른 상대를 보는 일은 쉽지 않습니다.
나의 입장에 서서
상대방을 보려고 하다 보면
나의 기준으로 판단할 때가 많지요.
내 시각으로 내 그릇으로
상대의 시각이 되어
'나'라는 존재를 바라보는 것.
가끔 그렇게
내가 있는 자리를 떠나서 나를 바라보면
잘 보이듯이 말입니다.
우리는 틀린 것이 아니라
다를 뿐입니다.

꾹 참아 오다가
한 번씩 크게 터질 때가 있습니다.
잘 살아오는 듯하다가도
그만 지쳐 쓰러져서
일어나지 못할 때 있습니다.
그럴 땐 그냥 쓰러져 있어 보는 것입니다.
길을 모르면 물으면 되고
길을 잃으면 헤매면 그만입니다.

모두 따뜻한 밤 보내고 계시지요.
어쩌다 보니 이만큼 와 있더라는 말이
생각나는 밤입니다.
어쩌다 보니 원하건 원하지 않건
시간의 모래탑 앞에 서 있는 우리를
만나게 됩니다.
어쩌다 보니 오늘도
밤이 깊어 가고 있습니다.
그래도 하루를
이런저런 기쁨과 슬픔의 교차점에서
힘들었을 우리 마음을
포근한 밤이라는
이불 안에 넣어 봅니다.

산산조각이 나도
멋지게 살다 가고 싶은 마음이 큽니다.
멋지게 사는 일이
뽐내고 잘사는 일은 아닐 겁니다.
아닌 것을 아니라 말하고
배고파도 아무거나 먹지 않고
타인의 기쁨에 명치끝까지 기뻐하고
타인의 아픔에 명치끝까지
아파하는 것입니다.
눈빛 따뜻하고
눈빛 맑은 존재로
산산조각이 나더라도
그리 멋지게
저물어 가고 싶네요.

이토록 평화로운 휴일은
다시 오지 않을 것 같습니다.
이토록 평화로운 날이
다시 오지 않는다 하더라도
지금의 평화로움을 기억하겠습니다.
지금 이 순간이
우리의 삶에서
가장 마지막 순간일 수 있으니까요.
지금 이 순간을
사랑합니다.

길이 있습니다.
길은 누군가가 걸어가서 길이 되었고
아니면 내가 그 길을 만들면 됩니다.
조금 힘들고 외롭고 슬플 수도 있을 것입니다.
그러나 길은 만드는 것입니다.
그럼에도 불구하고….

주석 스님의
삶을 바라보는 시선

순간들

초판 1쇄 발행 2025년 10월 6일

글　　　　주석

펴낸이　　오세룡
편집　　　박성화 손미숙 윤예지 김윤미
기획　　　곽은영 이수연
디자인　　최지혜 고혜정 김효선
홍보·마케팅 정성진

펴낸곳　　담앤북스
주소　　　서울특별시 종로구 새문안로3길 23 경희궁의아침 4단지 805호
대표전화　02-765-1251(영업부)   02-765-1250(편집부)
전송　　　02-764-1251
전자우편　dhamenbooks@naver.com

출판등록　제300-2011-115호
ISBN 979-11-6201-562-9 (03810)

이 책은 저작권법에 따라 보호받는 저작물이므로 무단 전재와 복제를 금합니다.
이 책 내용의 전부 또는 일부를 이용하려면 반드시 저작권자와 담앤북스의 서면 동의를 받아야 합니다.

정가 17,800원